龍騰天下
首部曲

易經

的鑰匙
開啟天書

徐子雲
戴振琳（懷常）

著

作者序

「易經」以宇宙天體爲範疇，象徵天、地、火（日）、水（月、雨）、雷、風（木）、山、澤（湖、海）八種自然現象爲索引，透過聖賢者長期觀察自然界，反覆思索天象與人類牽動互相關係，如實記錄予以應證而有八卦產生，透過「陰、陽」符號演繹而有八八六十四卦的生成，述之於文字有今之「易經」。

「易經」絕非一部迷信學說，是老祖宗用科學方式，根據天象變化演繹爲事物應用至理，具備科學概念與哲學思維，敘述人生成敗、時代興衰之通天大道，「人」爲中心參贊「天地」至理，天之道及於人之道，以擷取「趨吉避凶」之法，引領人類通往智慧之門。

易經是「哲理」與「科學」交互印證的結晶，得到證實是「科學」，尚未應證的叫「玄學」，介於科學與玄學之間，有推理價值的是「哲理」。

「易經」發展，終究是以實務爲目標，科學學理爲導向，將「玄學」、「哲理」與「科學」一以貫之，貫穿過去、現在通往未來。

「易」之變化運用，透過「陰陽」符號，窮盡天象至理

爲天下事理，隨世局變化因勢利導，變通演繹應用，創造有利條件，統合爲之事物應用範疇。今將教學與研習心得整理予以編著，若有不周之處，懇請指教。希望各位從揭開「天書」神祕面紗，導讀「易經」，滋潤心靈擷取智慧，願每位都是龍的傳人，「龍騰天下，創造乾坤，乾坤再造。」

「易經」著重哲思論述，「形而上者」，爲思想種子誕生與延續；「形而下者」，爲系統生成與發展，故而「形而上者，謂之道；形而下者，謂之器」，是思想與實務轉折處，是玄學與科學分界點。

學習「易」文化，它的好處究竟在那裡？爲人類注入無盡思想泉源，爲人類創造無限科學系統。易之哲思幫助我們打開思維，直指事物核心，縮短處理時效，讓人們提前抵達成功。端視學易者，從「易經」之易，體悟多少眞理，淬取多少科學系統，用於人生、事業乃至豐功偉業。

善易者不占，非占卜不重要，而是尙其占僅爲「言者尙其辭；動者尙其變；卜筮者尙其占；製器者尙其象」四項之一項。古之聖賢，已應用多種科學方法，有系統整理一套縝密的六十四卦，何須重複動作。

學「易」，重要的不是重複動作的外衣(卜筮得數)，而是從「卦、爻」辭裡，抓起內涵融會貫通，彙整爲科學系統之用，用之於人生、事業，則能有效性整合思維，爲之觀念，以觀念爲活動先行指標之下，「知命」；知其事物內涵。「創命」；創新觀念，爲活動先行指標。「運命」；

運作人生事業的規畫與執行」。「知命、創命、運命」三部曲，積極「造命」順遂進行命運演繹，用最少的代價獲得最大的成效。

知識經濟的世代，衍生出來的就是經濟知識的對決，品牌對決，專利對決，智慧財產對決等等，勢不可免，無形資產取代有形資產的時代，正在進行之中。以智取勝的時代，已經在世界各角落展開，直接影響各個國家、社會團體乃至個人的生存空間與機會。

思想傳承、知識建立已是刻不容緩的課題，現今的我們，如果，不能為後代子孫，留下思想根源與知識觀念，將來，他們的生存空間，肯定被壓縮。這也是為何想把老祖宗留給我們，這部智慧經典；「易經」，加以闡揚的緣故。

思想教育絕非速成文化可取代，唯有基礎紮根，提升智能轉化知識、見解，正知見地淬練觀念，用之於生活、事業以提升生存空間，給後代舖陳一條通往明天會更好的康莊大道，用理性態度面對未來的命運。

本書的內容著重義理與日常生活息息相關的事理結合為主，以「乾為首」展開易經六十四卦演繹。

戴振琳(懷常)　徐子雲

CONTENTS

目 錄

第貳卦

02 | 坤爲地　坤上坤下　▦▦　089

第一章

卦辭　象辭　091

易經導讀索引

乾爲天 乾上乾下

第壹卦

乾爲天　乾上乾下

第一章 卦辭 彖辭

第一節　卦辭

【乾，元亨利貞。】

（一）「元亨利貞」是乾的四大特質

「乾，元亨利貞。」

乾卦開宗明義以「元，亨，利，貞」示意，它是自然規律形成的四大要件，「人法地，地法天，天法道，道法自然」，自然是創造、孕育一切的起源。

乾卦，「乾爲天」，「天外有天，人外有人」，不論是人類或是萬物，背後都有一個主宰者，主宰著「有形與無

形」的一切，（就像人類、萬物之上的「地、天、道、自
然」都是背後主宰人類、萬物一切的主宰者）之所以有：
「天知、地知、我知」的說法。背後主宰人類、萬物一切都
是「元」的功能所造化出來的物。

　　之所以用「元，亨，利，貞」闡述乾道，「自然」乃是
人類認知最大主宰者之故，凌駕「道、天、地、人」之上，
故言「道、天、地、人」的一切，是根據「自然」規律所創
造、孕育衍化生成的物。物可爲「萬物、法則、或其他種
種。」

　　「太極」之前有什麼？自然，或「自然外的自然」，
今，「易」文化所要談論的是「太極」之後的種種。因此，
不論身處境界、境遇，皆在「元亨利貞」四大特質範疇內，
以人類而言，天則是人類所能感知最親近主宰者，最趨近於
自然，故而以「乾，元亨利貞。」展開天之道(元亨)及於人
之道(利貞)演繹活動，爲天下之道演繹法源，廣泛應用於世
間，利於創造人生價值之沿用。

　　（壹）「乾」的第一個特質「元」，「元」（如前所述）
具備「創始」、「孕育」功能，主宰萬有的開始與生
成，從無到有，創造、孕育一切天象、現象的始、生。

　　「元」付予「乾」創始功能，「乾」道以「乾爲天」爲

起始，展開易經六十四卦發展活動。而「元」，又是什麼？

「元」大而無外、小而無內，無從知曉其大小，存於九天之上，藏於九地之下，雖不可見，彌之於六合，舍藏於密，無所不在，大無可大、小無可小，在於天際，在於大地，在於天地間，天中有天、地中有地，無從言其大小，冥冥之中，在萬事、萬物的六虛之間，穿梭時、空不息流行，成就萬有、萬象生滅。（亦如空氣的陰、陽動能）

主宰者：「元」，掌控所能見、所不見的一切，付予「乾」道創造力量，主宰「乾為天」一切，原不可道，強之以名為道，「道」以「乾道」為起始，「乾元」以「乾為天」為首展開六十四卦：易文化的起始。（亦即乾卦是由元付予的一個太極，太極生兩儀，兩儀生四象，四象生八卦，兩兩八卦相重六十四卦）。

「元」除「己」之外，無有其他可取代，是所有萬有、萬象的唯一起源，「元」付予萬有、萬象「一」，「元」可為一個卦象、一個念頭、一個天象、一件事物的起源，「一」生滅由「元」主宰。

有人常在「太極」之上付予種種名稱，「易」文化而言，統稱的名稱只有唯一的「元」。之於人類、萬物，所有一切活動發展，皆是「元」的作用所使然，如人的動念，隨

心起伏，一旦這個「動念」不見了，隨之而來的是另一個動念，此「動念」已非彼前之「動念」，「元」並不受時、空影響，仍然「如終如一」隨性創造、孕育其他種種。**乾元，乃「元」付予「乾」道創始功能之謂。**

（貳）「乾」的第二個特質「亨」，「亨」是通，根據「元」付予「乾道」的起始，隨著太極生兩儀展開「陰陽」變化，進行「剛柔、進退」運行活動，乾道秉承「元」的意志而能亨，「亨」不能脫離「元」之外活動，餘「利、貞」亦然，何以言之？

「太極」生「兩儀」，兩儀有「陽元」與「陰元」，「乾」屬「陽」，故而以「乾元」稱之；「坤」屬「陰」，故而以「坤元」稱之。

一旦「乾」脫離「元」的初衷原意，脫離原有意志(乾卦)時空隧道，意志隨之不見(乾卦已非乾卦)，何有下一步「亨」的持續性。（如「動念」不在這個時空隧道活動，當下這個動念動能已然不存，當然就沒有發展的持續性。錯覺上的存在，已非原有「動念」。）

「亨」是「元」意志發展過程的延續、擴張。「太極」生「兩儀」，「兩儀」生「四象」，於此為「形而上者謂之道，形而下者謂之器」的分界點，乾元發展至止為四象純陽

之二「陽爻」。**四象之上爲形而上者謂之道(指太極、兩儀)；四象之下爲形而下者謂之器(指八卦、六十四卦)。**

（叁）「乾」的第三個特質「利」，「利」是無往不利，「萬有、萬物」造化之跡，透過「亨」運行無住的發展過程，自然而然，渾然天成以成形跡(從無到有，爲之天象，物象形態活動軌跡)，根據形態運行活動軌跡記錄、記憶，「利」於造化屬性特質之生成。「太極」生「兩儀」，「兩儀」生「四象」，「四象」生「八卦」，乾元發展至止爲純陽之三「陽爻」，亦即純陽之「三畫卦」之乾(☰)，乾之屬性特質是「健」。

（肆）「乾」的第四個特質「貞」，「貞」者正也，「正」什麼呢？

依照自然規律「元、亨、利」原則，次第演繹「軌道、規律」爲運行法則、通則之用，「舍之行藏，用之彌之六合」無有差忒運行，「貞也」。

「太極」生「兩儀」，「兩儀」生「四象」，「四象」生「八卦」，「八卦」兩兩相重生「六十四卦」，乾元發展至止爲純陽（小成八卦）之三「陽爻」兩兩相重爲純陽之「六畫卦」（大成八卦）之乾卦(☰☰)，「健之又健」而有天行健，「健而不息」的精神意旨，故君子者，貞此精神

意旨爲自強不息以進德修業之用，「貞，正也」。

「元、亨、利、貞」（自然運行規律）喻爲「春、夏、秋、冬」以示天體運行規律之次第法則，「元爲春，春生；亨爲夏，夏長；利爲秋，秋收；貞爲冬，冬藏」之意象爲表徵，廣泛演繹爲國本之用**（（國本之用者，乃古代以農立國，依四時次第，務農栽種耕作各種農作物，而有今流傳之「農民曆」。「農民曆」乃利於栽種農作物時序之應用是也））**。

春爲始生之源；夏爲成長之盛；秋爲成熟之收；冬爲收成之藏。乾有乾元；坤有坤元，乾坤象徵天地，地球隨天體運行，日月運轉造化四時（指春夏秋冬），「天」創始萬象，「地」孕育萬物，各自展現造化功能，在時空之中進行更迭活動，創造、孕育各種生命形態。

「乾」之所以以「天」命名，乃「天」與人類之間有密不可分的正相關（「天之道」及於「人之道」，乃天理類推演繹爲之事理，得以爲人類廣泛應用於日常生活之中）。「乾爲天」之天則是人類可感知的最大意象，故而卦辭有云：「乾，元亨利貞」，乃以「乾道」爲首，展開易經六十四卦活動的開始。

(二)空有幻想，痴人說夢。

夢境人人有，有人在夢境中，夢見一位仙人，表彰他的前世積善功德，今來托夢(指仙人托夢)，欲成善心人士的心願，仙人隨即問道：

「你的願望是什麼？說來聽聽，我盡力幫忙就是。」隨即夢中人說道：

「聰明一世無災禍，娶妻貌美如天仙，子孫滿堂富貴多，個個榮升到高官。」仙人聽後，詫異不已，說道：

「我看神仙，還是由你來做吧！」仙人語畢，飄然飛離夢境而去。

「夢境」醒世夢中人，前世是前世，不如今生多修身，進德修業，求得智慧。友人聽此一夢後，勸他，「空有幻想」，勿迷，痴人說夢。

人，不能僅憑夢幻造化人生，落實觀念，成法立則，有「利貞」原則可守為要。造夢，「元亨」(自然而然，隨夢生境)，有了「前世因、現世緣、來世果」的說法並無不可；若無「利貞」原則，缺欠主事的特質個性，事物難以持續發展(卦之不成，或言事體之不成)，夢幻一場，無疾而終。

夢境用以醒世，勸人為善，功德一件。若是沉迷夢境，「想而不做，做而不思」，空有幻想就不是好夢。

欲使夢境成真，成就理想造就事蹟，「元、亨」特質外，「利貞」特質不可遺漏。一切（指成卦或成事體），有所本、有所堅持，「始終如一，從一而終」，從「元」之所出，「亨」其「元」以行，「利貞」不忘初衷，立志成向，為法、為則、為律、為精神指標，以為夢想貫徹意志實踐之遵循法理，夢境理想才不致淪為虛幻產物。

「元，亨，利，貞」是乾卦的四大要件，缺一不可，少的一項，就不是「乾卦」，意味著當「定卦或占卜」為乾卦之時，務必兼備「元，亨，利，貞」四大要件。

(三) 得意忘形，運行無住。

卦，無好壞區別，貫通於心，為之妙用，得意忘形，運行無住，自然而然能從中分辨「善惡、吉凶」，用之，則一生受用不盡。

易經文辭，生澀難懂，欲進其門，登堂入室，只有一個法門，「悟」，周而復始，解讀文辭，領悟內涵，久了，辭達意轉，自然而然，貫通文辭字意精髓。辭達意轉當下，暫

且將「文辭」放一旁，忘了它(莫執著文辭的形，「重形之意」活化為要)，就「形」化「意」轉「境」，達到學易活用之目的為善。

過河泛舟，莫忘「過河上岸棄舟」的道理。所謂「得意忘形」語意告之，得辭意「精髓」，忘卻文辭「軀殼」，就如「過了河，忘了舟」一般，不致背負「文辭之舟」，困在文字魔障，走不出去。意味著同樣的文辭，「時、空」背景文化差異，意涵解讀務必根據文化時代背景需求，提出合宜解讀方法、方式，不拘限於一成不變的「文辭」打轉，或照本宣科才是。

「元，亨，利，貞」的精神，運用所知、所學知識、見解，周而復始加以演繹，從「易經文辭」，悟得人生哲理，一以貫之，隨性發展，亨通成理，如理成法，運用於事物之上，則能依法「運行無住」達到實踐效果，臻至「元，亨，利，貞」境地，形於無形，無為無不為，隨性所至，遂成人生、事物圓滿、圓融。

「得意忘形」告訴我們，悟通了，拋開形體以就意，昇華到另一高境界，「忘形，不是真的忘形」，是意境昇華的跳板。所謂「忘形不忘本」，唯有量的累積，才有「量變」到「質變」的本錢，才有「化主觀為客觀」的能動性。

　　「忘形不忘本」言卦之「寓意」，不應執著情感「好惡」論述寓意，當本著卦、爻之「精神」通達變通的原則，「不執著或偏執」特定方法、方式來作闡釋，而能運行無住「隨身是法」，「舍之行藏，用之彌之六合」廣泛應用於人之道。因此，不要以為，有事沒事占了一個卦，得個「乾為天」，以為「萬事亨通」，切莫作如是想，它有它的要件。

　　「元亨」須有「利貞」作後盾，「周而復始」，「一」以貫之，慣性成自然（人為已至自然狀態謂之）；忘形，不是真忘形，是「一」以貫之，意境昇華，運行無住用於事物，臻化「形於無形」境地、境界，可謂「得意忘形」註解。「用」，彌於六合；「不用」，舍藏於密。「得意忘形，運行無住」真髓於此，臻至「元亨利貞」境界，乃至聖之聖賢者所能為，創造人生最高道德價值，永垂不朽於天地之間。

第二節　彖辭

　　彖曰：大哉乾元，萬物資始，乃統天，雲行雨施，品物流行。大明終始，六位時成，時乘六龍以御天，乾道變化，各正性命，保合大和，乃利貞。首出庶物，萬國咸寧。

　　偉大啊！「乾元」之所以偉大，「乾元」是乾道創物始祖，由它統籌天象造化之跡，就如天上佈雲施雨及於天下，造化萬象、萬有形態的品類，通行於天下、流行於天下，「大哉乾元，萬物資始，乃統天，雲行雨施，品物流行。」這段文辭講的是乾卦「元」至「亨」的運行次第規律，著重在「天體」創造「天象」內涵以舖陳「人之道」演繹事理、物理之用。

　　另則，強調「易」無備，「易」文化是以天體爲臨摹範疇，通曉「易」理大而化之以通天下大道，天下之理莫不含概於其中，之所以有「大哉乾元」讚嘆之辭。

　　「大明終始，六位時成，時乘六龍以御天。乾道變化，各正性命，保合大和，乃利貞。」乃天之道及於人之道演繹，此其一：立爻成卦訴之於「易」理廣泛應用於天下，此其二(留待下一章節予以闡述：立爻成象的基本原則)。

　　「大明」指易經是以天體爲臨摹範疇，明白「天體創生天象」終始脈絡，按照時(天時)、位(地利)、才(人和)居之位，周流六虛之間(六虛指六爻)，「詳盡規畫」事物運行過程，「妥善配置」每一階段的次第活動，什麼時候，該爲何事？什麼階段，該規畫什麼事？完全規畫在六虛之中(卦之六爻之中)，時乘虛空之間掌控「乾爲天」六個階段的每一階段的每一任務「剛柔」起伏的「進退」之道，「大明終

始，六位時成，時乘六龍以御天」。

「天何言哉！四時生焉，萬物生焉。」乾道（乾為天）「春、夏、秋、冬」四時生成有其次第時序（亦即運行規律）變化，「什麼節氣，該有怎樣的季節」，依據四時運行規律，各正每一季節「使命、任務」，保持合作無間又能中和於太一狀態（回歸太極），周而復始，原始返終，生生不息進行「季節」交替活動，遵循「乾道」次第運行法則運轉，乃乾道「元亨」至「利貞」是也，「乾道變化，各正性命，保合大和，乃利貞。」

保合大和乃陰陽氣會合，沖氣以中和「陰陽」對立化解矛盾趨於一統（回歸太極之意），使其「陰陽動能」達到均衡狀態而能定，定而能安。

按照天體運行規律演繹「春生、夏長、秋收、冬藏」運行法則，進而發展出適用於事物運行活動遵循法則（法則指首出庶物：意指易經六十四卦生成得以演繹通則，為天下大道得以廣泛應用法則之依），造就「萬物、萬象、萬國」於安寧祥和，「首出庶物，萬國咸寧。」

強調「天之道」及於「人之道」易經六十四卦的生成演繹通則，可為天下之道之依廣泛應用。

（一）立爻成象的基本原則

　　事情來了，有人期待，有人憂心，一種事件兩樣情。有些人，不問究竟，不問是非黑白，事情發生，心裡才驀然一驚，心想怎麼辦？沒有配套措施，也沒有應變機制，吃到苦頭，理所當然，這也是為什麼遇事不順，憂心忡忡的原因。

　　一件事兩樣情，差別在事前規畫（立爻成卦）詳盡與否？喜者，事前做好規畫，有方向、有目標，順著局勢變化，依照事前規畫即定程序（根據卦之六爻陽陰符號為「進退」之依），權宜變通來辦事，而能事事順遂、萬事亨通。

　　易文化著重「易理」活化，創造生存權利發展，造化人生價值昇華，利用「立爻成卦」定位，擬定事前規畫作業程序，以成就人生、事業止於至善。利用定位（卦爻之定位）穩定心裡狀態，積極透過人為努力致力改進，完善過程中缺失的不妥（透過陰陽、剛柔中和、並濟止於保合太和狀態）防止意外的缺憾，趨吉避凶之法，莫過於此。

　　人，不怕一萬就怕萬一。凡有，用戒慎戒懼態度，觀察趨勢勘驗變化，從最壞打算裡，做最好的整體規畫，以防意外的萬一，按照整體規畫裡的每個階段應備的程序、步驟，有條不紊處理事物、問題，不致有「萬一」情事發生（強調「立爻成卦」的重要性）。人不怕不知道，就怕不知道又固

執，不明還是不明，不知還是不知，怎麼栽了，不知道，一萬還是萬一也搞不清楚，爲何會如此呢？少了事前規畫程序之故。

「不知爲不知，是知之也」，知錯能改善莫大焉！管它是一萬還是萬一，「立爻成卦」規畫完成，不論是一萬還是萬一，交給六條龍（卦之六爻）看管就是。

爻的「陰陽」符號，提醒當事者，一旦，發生陰錯陽差或陽奉陰違的情事，當事者，在結果未促成之前，利用「陰陽」符號的提示，權宜變通，適時修正，改善不妥觀念，扭轉不當舉措，令其回歸常軌，此是「立爻成卦」基本精神所在。

「大明終始，六位時成，時乘六龍以御天」，強調「立爻成象」之前，按照「天時、地利、人合」三方面，作好分析整合程序。由近至遠，由下往上，逐次立爻成卦。

「事物或問題」始終之間的「明」與「不明」、「知」與「不知」、「確定」與「不確定」的變數，示以陰陽符號予以記錄（每一階段之虛實：指六爻之虛實爲陰爻或陽爻），利於「立爻成卦」以「具象」，之後，運用「卦、爻」文辭述之內涵爲修正要點之依，「陰陽」符號爲之變通，逐成「趨吉避凶」之法之用。

　　按照爻之時、位、才之定位付予合宜物象，將理論與實務相互印證，貫通義理圓融於心，按六爻時勢掌握變化之道，調整不當觀念、措施，改善問題缺憾、缺失。

　　卦辭是一卦的總說明，這時代精神意涵的整體說明，作為卦之判斷，吉凶斷語之索引。一卦有六個爻，每一爻各有一爻辭。憑卦辭之說明，難以充分表達全部精神內涵，必須借重卦裡的爻辭加以闡述才得以彰顯。

　　卦，為這時代的任務；六爻則為這時代運動發展的六個小階段，各自在這時代不同時空背景，進行階段性運動發展，爻不能夠脫離卦的精神特立獨行，一旦，違背卦之主體精神，就變了質，質變就是變卦，變卦就不是卦的原意。

　　爻居之時、位、才透過「陰、陽」符號的表達，質、量互變為導向，適度修正以達「趨吉避凶」目的。因此，每爻各有各的爻辭、名稱，爻是屬於卦的，代表卦階段性發展史，以爻辭說明它的發展及變化過程，趨於卦的精神要義為主軸。

　　「卦、爻」之「位」與「名稱」參照本書之「易經導讀索引」篇，有助於學「易」探討與研究。

　　學習易經的過程，務必虛心接受事實，正確態度面對事物衍變，通盤了解事物始末，正確取得卦，使用卦，得以精準掌握事物運行趨勢向善發展。

　　若是未能按照程序正確取得「卦、爻」定位，只憑神來一筆，一知半解加以揣測判定，於事無補也難能有效，利用譁衆取寵的方式，取得卦，使用卦，無有助益。了解事物始末，按照程序正確取得「卦、爻」定位，依循「卦、爻」文辭內涵，貫通義理之眞髓，得其法、理爲之用，定能源而不息受用不盡。

　　用卦者，記住，莫用揣測方式，似是而非解讀其意，不但蒙了自己，也害了自己(或他人)，就不好。卦辭：「乾，元亨利貞」之「利」意涵在此，才能「貞」乾卦「健而不息」精神，無往不利，完善事物圓滿，順遂達成任務、使命。

第二章｜大象辭

象曰：天行健，君子以自強不息。

「天行健，君子以自強不息」，大象的象辭，卦的精神意旨所在。大象辭是至聖先師孔子為學「易」所著作的一大創舉。「天行健」意涵為何？

「天行健」的「健」是「人」與「建」的合體，強調一個論點，「天人合一」的概念，亦即「天之道」及於「人之道」演繹，人和強調的又是「天時、地利」之中和，亦即是「人居天地之間，以參贊天地之化育」中和以為用。

乾卦（☰☰）六爻皆陽爻，本身是精純「主陽、主剛、主進」的創造之道，創造萬物的根源，其德是「健」運行不息創造，「天之道」言之，運行不息創造天象衍化；及於「人之道」言之，從「天之道」運行不息創造天象衍化過程，透過「參贊、化育、中和」的過程，運行不息創造有利於人類賴以生存的法則。

乾卦：內、外都是乾（☰），代表著兩個天，一個是無形天（內在天，人類肉眼看不見的天，可感知它的存在，心思

運行不息造化圖騰、觀念)；一個是有形天(外在，人類肉眼可見的天，仰望天際可見的那個天空、天際，意識運行不息觀察外在現象的變化)。

「人居天地之間，以參贊天地之化育」中和以爲用。思其所思，得其所得，從「天之道」運行不息過程中，創造運行法則、規律，建立一套、或整體適於己、人類或萬物通用法則、規律，爲之廣泛應用通則，使萬物各得其正、各安其分、運行不息，創造它的生存價值。

君子者，運行不息進德修業，創造至善的道德德行，臻至「天人合一」境界，體現最高的人生價值。故而「天行健」的「健」是「人」與「建」的合體，強調君子者，當自強效法天體創造天象不息的精神，進德修業充實內涵，建立福澤天下蒼生運行通則，不息創造人生道德價值，永垂不朽留存天下間，「天行健，君子以自強不息。」

(一)命運是創造來的

天體隨著「時空」運行活動，不時幻化天象，冥冥中，天象的一切，有股力量在主導，那股創始力量，統合「內、外」陽陰動能建立運行規律、軌道，運行不息創造天象的一切。人的內外有如縮小版的天體，亦復如是這般。

　　「易」文化而言，強調「窮則變，變則通」之至理，原本，一切本無，「無中生有」創造命運，亦如天體從虛空中，創造天象的命運，為風、為雲、為雷等等，使其各在其創建的運行軌道活動。因此，「智者」認為命運是創造來的，掌握在自己的手裡，何以言之？

　　「易經」大象辭有云：「天行健，君子以自強不息」，隱喻命運的點點滴滴是創造出來的產物結晶，從無到有，透過「心的作用」運行不息創造圖騰、觀念(唯心所造)，從「矛盾」中，建立一個可以化解「矛盾」的中和力量，延續「命運」運行不息發展，成就命運體形成、誕生。

　　「心的作用」創造出來的產物結晶有多少，「命」體就有多少，人生是由無數個「命」體運行歷程建構而成，各人的命運各人創，「命運」唯心造，創造命運過程中，建立一套「運行、運作」法則，為之經營人生、事業之用。所以，「命運」非是從天而降，有賴於人的不息創造(創命)、栽培、化育，成就人生、事業。

　　「乾為天，君子以自強不息」精神，希望君子們，精益求精創造人生價值，完善品德操守於至善。進德修業，「品德」兼修，不息充實，精益求精創造有利條件，「內外、知行」合一，「命運」會如編織夢境一般，運行不息創造「天外有天」無數命體(人生、事業或其他，由小至大，由局部

到全盤，創念，精益求精及於概念擴張等，無數延展），愈來愈美、愈來愈順，豐融圓滿人生與事業，再造人生價值再次登峰的重現。

（二）路是人走出來的

人不是萬能，什麼都懂什麼都會，眞有，那肯定是不得了的人，神人，應該是神，不是人，過去的不在，未來的還沒出生，現在也沒有見過。不如，做個凡人，多吸收、多歷練，悟透的，來個神而通，也不錯。

每天奮鬥努力工作就是走不出自己的路，原地打轉，爲什麼？那裡出問題？只重其形忽略其意，只見眼前的好，丟不下既得利益的現象，又忘了創造自己的人生路。不過，話說回來，丟了就可以嗎？又眞的是如此嗎？

非也，丟了一些東西就要抓些東西，爲丟而丟，無有所得，還不如不丟，最重要的是從「丟、抓」之間，創造可用資源，從現象界裡的殘存價值裡，抓起經驗轉化智慧，運行不息創造可行途徑，以邁向成功之路。

魔術師，所以能夠成就神奇魔術，就是在「抓、丟」東西重複練習，丟掉不必要的沉疴，而有創新的東西，眞丟了

嗎？不，他只是將沉痾擺在不起眼的地方，抓住引人注目的東西，在舊沉痾與新觀念互補交流過程中，運行不息創造技能，精益求精，成就精湛的表演。

君子者，效法「乾為天」自強不息精神(亦如魔術師，求取神奇魔術的精湛)，自立自強要求自我，進德修業充實內涵，精益求精，創造強而有力思維、觀念，以進行汰舊換新的交替，造化潛意識再生，蛻變新意識崛起，建立「內外」統一運行規則、規律，「苟日新，日日新，又日新」求精進，促使新紀元的誕生。

矛盾非是全然不好的東西，若能從矛盾中累積經驗，從學習中貯存能量，從變化莫測現象裡淬取智慧結晶，創造一套有系統的運行法則，從而創造中道力量化解「矛盾」現象，令其「內、外」趨於一統，人生、事業再造，反是另一新紀元的來臨。畢竟，路是人走出來的。

(三) 作命運的主人

命半點不由人，真的是這樣嗎？如果相信，命運是上天注定，半點不由人，是標準的宿命論者。易經學說並不贊成消極宿命論，事物形成有一段過程，命運亦然，不是絕對不變，事實未果，塵埃未定，扭轉局勢的機會，還是存在，一

切要看當事者心態來定奪。

　　人定勝天，爭的是過程，而非始末。成敗「始末」兩端得失由「過程」決定，非不變，而是要懂得適時變通，透過修正過程，從中創造有利條件，扭轉不可能爲可能，促使好運逼人來的前置規畫。

　　「內在天」誠信面對問題；「外在天」事實爲據解決問題，以「立爻成卦」。按照「卦」精神主體，依「爻」之「陰陽」符號，盡人事順天命，知其不妥，逐步修正不善因子，調整不妥舉措，從中創造有利條件，扭轉情勢，脫離命運束縛，不受「意識」宿命擺佈，達到趨吉避凶的效果。

　　命運，可以如是說，除了生命之「始終」緣於「外在天」天定，命運體內之一切修正程序，決於「內在天」創造過程優、劣條件，改變命運趨勢走向的「吉凶、好壞」。

　　《易經》之易文化強調「命運」之好壞，在事物未結束之前，是可以透過條件來改變，修正過程的善與否？是其一；扭轉命運結構體走向的關鍵密碼，在於有利條件創造的優劣、得失。因此，命運非絕對不能改變，隨著「時、位、才」變化需求，透過「爻」之「陰陽」符號，創造條件，調整過程以修正不妥之處，是可以扭轉結果趨向「好、吉」的方向發展。

　　「命運」就像一場戰局，不同的命運體就有不同戰略佈局。一場漂亮戰局必須經過精密推演（客觀無誤，立爻成卦，精密演繹），方能擁有勝算機率的本錢。

　　孫子兵法所言：「兵者，國之大事，死生之地，存亡之道，不可不察也。」，戰爭是國家大事，關係國家存亡和人民生死的命運，不能不慎！「外」，情報要靈通；「內」，謀畫要嚴謹，「內外」兼顧（內、外卦），觀前顧後，通盤考量，才能創造立於「不敗之地」的條件，打一場漂亮的戰爭，命理亦然。

　　「故經之以五事，校之以計，而索其情，一曰道，二曰天，三曰地，四曰將，五曰法」，通盤評估算計每項細節，瞭解整個戰況，沙盤推演全面佈局，修正不利因素，創造有利形勢，亦如《易經》之易文化，「立爻成卦」演繹「六爻」每一階段的任務、使命一般，修正不妥以就善，創造「趨吉避凶」運行法則、規範，做到「先立不敗之地，而後求勝」，完勝戰役。

　　「命運」亦如一場人生戰局，規畫完善與否？左右成敗得失。先立命（先立爻成卦）而後全盤算計，知其命運格局之大小，鋪陳構思，創造戰略格局，演繹全局成敗得失概率，穩定「內在天」不受外界迷惑，結合「外在天」趨勢脈動，

精益求精籌謀戰略，創造優勢條件，打一場有系統的組織戰（人生戰局），使「命運」體得以茁壯，創造每一場「命運」戰局需要的必勝條件（從陰、陽符號中，調適內之剛柔起伏，外之進退之道），「運籌帷幄」操之在我，決勝於千里之外，打贏每一場人生戰局。

　　「命運」本體非一天造成的，需要時間考驗淬練。深信，各位都是有潛質的龍，切莫妄自菲薄，進德修業，努力充實，自立自強，精益求精，自助人助而後天助，龍騰天下，乾坤再造，再造乾坤，創造人生、事業命運本體，「作命運的主人」掌握命運趨勢，再造人生、事業的最高價值。

第三章｜爻辭、小象辭

☯ 第一爻｜爻辭　初九：潛龍勿用。

　　乾為天（☰☰），「初九」陽爻居陽位，居最下爻，與「九四」無有對應（亦即陽爻對陽爻，無有對應，故而未得到對方正面回應），欲進之際，忽聞心喊「潛龍勿用」，因而暫且不動，靜觀其變，接下來又要如何？端看「學易、用易」者的解讀、體悟，破解「勿用」問題與原因為何？

　　「潛龍」潛在水裡的龍，何以勿用？龍困淺灘之故等等。字面解釋，看似沒有問題。說沒有問題的人，才是大有問題，困在淺灘動彈不得，怎麼會沒有問題呢？

　　不能只是一句「勿用」就無所作為，非學易者應有態度。

　　追究「潛龍」，何以「勿用」原因，才是重點，到底是「內在」問題？亦或「外在」因素？深究因由，知其因由再謀求解決問題的方式、方法，便於對症下藥。

（一）潛龍與臥虎藏龍

　　潛水前要吸氣，之後，心平氣和調息。「潛」之得宜延長氣息，憋住一口氣，潛藏不發，可能扭轉人生境遇，改變人的一生，它的爆發力，常令人拭目。「臥虎藏龍」的「藏龍」與「潛龍」雖是一字之差，卻有異曲同工之妙。

　　「潛與藏」提醒人們，凡有想法或決定，務必「三思而後行」，沉住氣（「初九」與「九四」無有對應，故而自求內充氣息）以蓄勢，蓄勢待發以成事。凡事，不可造次，勢若不足，難以乘勢而行。

　　時機不成熟，環境條件不允許，隱忍一口氣蓄勢沉潛，進德修業爲要，充實學問與知識，有足夠判斷能力，知「足與不足」或知「能與不能」，利用縝密思維規畫事宜，「沉潛一時」知其不足或不能，暫「潛」保安身，減少紛爭與耗損。因此，事之初，沉住氣以潛修，三思目標、蓄積能量、等待時機，時機未到，勿須躁動。

　　忍氣吞聲非不爲，實乃沉潛以蓄勢，「潛」中好修行，修行要有東西，腦海空空沒半點東西，待在那裡潛伏不動，等待靈光乍現，無有助益。

　　沉潛前吸收氣息，保住那口氣息，它可是往後的救命

丹。那口氣息又是什麼？「學問與知識」，吸收後沉潛修行，圓融義理貫通事理，將來必有大用。

潛的意思，提醒人「稍安勿燥」，非「不為」，希望人們處理事物、問題之前，蓄積足夠能量，等待適當時機，隨機運作。「潛也好、藏也罷」，希望「潛龍」們在一切未臻於成熟之前，暫且沉潛以蓄勢，勤修文武，等待機緣，一旦用時不致有方恨少的缺憾。

(二)**聰明容易，糊塗難。**

明知不可為而為之，欲達到預期效果，難。憑己才能無法改變現狀，約束自己，隱忍一口氣，保留剩餘力量以備為將來大用。非己力所能及，暫時沉潛，不與之抗衡，留得有用身，進德修業蓄積能量，為往後之大用，才是上善之策，非不為，是此時知其不足或不能，不宜有所作為的時機。

能力有所不逮，暫且觀望，檢視何以「不如與不逮」原因？「該忍能忍」是成大事、就大業者必備涵養，隱忍一口氣顧全大局，保有實力以備挽救局勢之需，「越王句踐」因能隱忍一口氣，沉潛蓄勢以發，打敗吳國，完成復國大業之計。

潛之不能，急於求成，思慮不周，一旦失控，後悔事就會接踵而來。有些人太自以爲是，沉不住氣，僥倖心態，用拔苗助長，處理問題，反而壞了大事，聰明反被聰明誤，成長不成反枯萎，造成更大的錯誤。

問題之初，事態不明(或趨勢不明)不宜行動，此時，採取沉穩冷靜，看待事態，「以靜制動」靜觀其變，「潛龍勿用」也。因此，若逢不可預判又非己所能，「潛」，沉住氣，實事求是，面對問題，「潛」修以補己不能，等待時機再作定奪，「時予以我，則行，伺機而動；時不予我，則潛，隱而勿用。」

一時不解，「潛」之何妨？「潛」爲儲存能量而備，亦是恢復「理性」所必須。怎奈「聰明容易，糊塗難。」，假糊塗很難，假聰明就容易多了，有人受不了刺激，激將法一出，「潛」字不見了，「潛之不能」，雄心壯志就被「非理性」淹沒了。

不論是人生、事業、婚姻、前景等等，若如大象辭所云：「天行健，君子以自強不息」經營人生、事業之際，遭逢「不如與不逮」混沌狀態，已然落入此爻「潛龍勿用」境遇，當此，「潛」之何妨？

寧不犯「聰明容易」自以為是的假聰明，寧為「糊塗」好修行，忍口氣，「小心好駛萬年船」，等待時機，「潛修」一番，機緣到來時，必有大用，一展長才。

(三)潛的藝術與用意

經濟不景氣，謀一份屬意工作，不容易。一位年輕人，剛畢業，懷著滿腔熱血進入社會，企圖施展抱負一展鴻圖。心想以自身能力與學歷，求職應該不難，但，事與願違，薪水要求太高，讓人卻步。剛開始，不以為意，經過次次挫折，他瞭解唯有放下身段，降低待遇門檻，才是務實作法。

他下了決定，求得工作再做打算，過了不久，接到一家公司的通知，被錄用為事務員。每日，除積極努力吸收經驗，稍有閒暇，還幫忙同事處理一些文件，深得同事們信賴，頗得上級賞識。之後，不久，公司內部舉辦升等考試，雇主發覺他的實務建言，務實且精闢，經過多方考核，予以晉級。

過了不久，公司內部出了些問題，經過幾次主管會議，未有妥善解決方案。雇主前思後想，就是思不出所以然來。恰巧，晉級沒多久的他，有份公文需要雇主過目簽字，雇主簽完字後，將他留下，與他閒聊了起來。

　　閒聊當中，雇主發覺他的能力與實務經驗，超越他的學歷素養。雇主將公司面臨的問題，托盤說出並徵詢他的意見，問他有什麼看法？

　　不是不表現，時機到，他一五一十將公司的優、缺點作詳盡陳述，隨後，補上一套截長補短的建議，解決公司管理上的缺失與遺憾。之後，每逢疑惑，雇主都會徵詢他的意見。又過不久，他被擢升為雇主特別助理，深得雇主器重。

　　潛龍勿用，不是不用，而是量才為用，擇時機以行，時予我，則行；時不予我，則潛。潛則退也，退而求其次，得其職份，精益求精充實才能，待機進取，此乃「以退為進」魚躍龍門的藝術，豈不妙哉！

(四) 差一點誤了一生

　　有對情侶，已論及婚姻，求神問卜合八字，得個「潛龍勿用」爻辭，兩人顯露憂慮表情。不知是那位高明先知，鐵口直斷說「不宜結婚」，雙方家長信而不疑，那就暫且將婚事擱置吧！令這對情侶痛苦煎熬了一陣子。

　　之後，情侶又去求教另一位知易學者，學者仔細詢問他們一些交往過程，發覺他們的感情基礎相當穩定，若為「潛

龍勿用」四字，阻礙婚姻，破壞姻緣，「誤了一生」不值得。知易學者告訴他們，「潛龍勿用」涵意用之於「婚姻」途徑，乃提示婚姻是人生一大事，關係雙方一生幸福，慎重考慮是有其必要。

接著學者提問，說道：「請問，結婚前雙方是否瞭解對方的實際狀況？結婚後能否包容對方的缺點與習性？感情、經濟基礎穩定嗎？做好婚姻準備廝守終身的決心嗎？」情侶倆，頻頻示意點頭。

「易經」裡的文辭，不應過度僵化解讀，「勿用」只是提醒你們上述幾個問題，是否都做好事前溝通與心裡準備？即然你們都經過深思熟慮，結婚有何不可？聽完之後，他們展開了笑顏，也打開心裡的迷思。

「潛龍勿用」內涵，只是提示「有所為有所不為」，不是不為而是伺機而為，「不為」是為了儲存「可為」動能，延續「有所為」行止，亦如「先蹲後跳」是為跳躍更高而準備，準備完善，等待時機，「勿用」撤防，伺機以「用」。

事業、運勢、婚姻和人生，遇到瓶頸或事情混沌，沉潛等待冷靜思考有其必要。「勿用」其來有由，提醒當事者，碰到問題產生疑惑，暫時不宜有所作為，之所以「疑惑」，有所不足之故，故而身為「潛龍」者，當要潛修，「自我教

育充實能力，等待時機」爲上策。小不忍則亂大謀，勿用意氣，保有資源，利於往後發展之用，「潛龍勿用」也。

第一爻 小象辭 象曰：潛龍勿用，陽在下也。

「潛龍」所以「勿用」，因「陽在下」之故。「陽在下」是何意？太陽尙在大地底下，未昇起，意味「黎明前的黑暗」，亦即大地還籠罩在黑暗之中，很多東西看不清楚，那要如何？事物矇憧，尙未明朗，「暫且停下來，不宜莽撞。」

沉穩的「潛龍」絕不在局勢不明，作出莽撞舉措，故而「勿用」。知其「不可爲而不爲」，潛修德業，將來好大用。龍代表著「智慧」，「潛龍」隱喩有潛質的智慧者，「明之不可爲而不爲，一切等待時機，可，則伺機而動」。

有人不信邪，偏向虎山行，小則傷身，大則難料，只能說他可能不是「潛龍」。若仍一意孤行，可以說他連「潛龍」特質都沒有，至於「勿用」與否，與之何干？一切，憑運氣，「陽在下」又如何？根本不在乎，有勇無謀，何以成事？

（一） 手執鵝毛扇，境界大不同。

環境變遷充斥煙硝味，讓人感嘆社會現實。「懷才不遇」、「自古英雄多寂寞」不足為奇，感傷如何？感嘆又如何？現實社會裡「無法兼達天下，則獨善其身」。「潛龍」英雄們及「懷才不遇」才子們，「不怕人不知，就怕己不能呀！」

手執鵝毛扇的「潛龍」們，當知「局勢大壞，形勢看好」正是英雄出頭日。英雄勢弱落難，才子懷才不遇，隱市其中，潛身養性，進德修業，「十年磨霜刃」，等待時機、機緣，相信「英雄、才子」們，終有，一展長才時。

智者，深知「智慧」必出於「真知」，「知我者其天乎」，唯真知灼見者，上達天道下及人道，不怨天、不尤地，隱世其下而不憂，心本自然，樂天知命。

一時，隱市其中，人無所知，道一聲：「你是誰」，何須在意？勿須在乎世俗眼光，「潛身養性，修德進業」，憂愁煩悶，擺一旁。手執鵝毛扇的「潛龍」們，高尚其志，「不為情遷，不為物動」，世道不行，潛修德業，來日，機緣一到，濟世助人。

子曰：「龍德而隱者也。不易乎世，不成乎名，遯世無

悶，不見世而無悶，樂則行之，憂則違之，確乎其不可拔也，潛龍也。」潛龍就是如此看待世間道，時予我，則進；時不予我，則潛」，「時潛、時進」修持人生大道。

怕的是，有事沒事，迷於「占卜問卦」，來個「潛龍勿用」，因而不爲，推拖實乃「陽在下也」之故。太陽就在地層下面，看不清、摸不著，做的也沒用，「只言其形，不悟其意」，不求長進，語帶推拖、或勿以爲是。一旦，逢事到來，手執鵝毛扇，揮也揮不盡，愈揮汗珠如水流，不知如何是好？

同樣「手執鵝毛扇，境界大不同」，一個是潛身養性，神閒若定，等待機會，一展長才，濟德救世；一個是胸無點墨，得過且過，逢事臨門，揮汗如流，憂愁滿面。因此，「潛龍勿用，陽在下也」的潛修心思、方法之不同，境界大不同。

🌓 第二爻 ｜ 爻辭　九二：見龍在田，利見大人。

乾卦（☰☰），九二，「陽爻」居「陰位」，雖不當位，居下卦之中而能持「中」道。「潛龍」已出地面，雖不當位，因得中，持中道以行，不偏不倚就其位處其世、事。

　　神龍見首不見尾，是否有龍的存在？疑雲重重，絕不會是恐龍，可以肯定。龍的真跡為何？不得而知，圖畫或圖騰的龍，不遑多見。「龍」代表崇高尊貴的象徵，集「智慧、才能、品德」高尚賢達之尊稱。

　　「見龍在田」，龍在田裡，讓人好奇，龍在田裡做什麼？經驗豐富的農夫，根據天候，拿捏栽種時機，無有差忒在田裡耕作，每每都有豐碩收獲，他就是此行之「龍」。

　　天生我材必有用，各有各的專長，各自在專業領域，發揮所長，就是「見龍在田」的龍者，「見龍在田」寓意為擁有自知之明的龍者。強龍者，求己不求人，憑藉真材實學獲肯定，自然有人登門，造訪這位人才，「見龍在田，利見大人。」

　　「利見大人」，「九二與九五」皆陽爻，無有相應之故，是大人求我，非我求大人，非龍去見大人，而是龍的才能受到肯定，成為大人們求才若渴的對象。

　　龍真的存在嗎？當然，相信，每一位都是「龍的傳人」，「見龍在田」的龍就是有所作為的人，務實耕耘努力奮鬥有所成就的人。「一分耕耘一分收獲」的龍者，現世於天下貢獻所長，有所成就者，都將是大人們利於求取的人才。

　　何須在乎人不知，就怕能力不足，難堪大用。所以，想成爲人人欲求之龍，受人尊重與提攜，耕耘己才，充實內涵，時機一到，相信，「能力、實力」充實的人是不寂寞，嶄露頭角的那一天，有潛質的龍們，終會被人發現、挖掘，成爲大人們利於求才的對象，「見龍在田，利見大人。」

　　此爻之境遇，不論人生、事業，政治、經濟等等，欲獲得他者之垂青、肯定，「求己之能」揚名立萬，自有「大人」們上門登訪求才，勿須委曲求全。這也是爲何「九二」，「陽爻」居「陰位」，雖不當位，卻能居下卦之中，持中道以行，而能不偏不倚之因，「無欲則剛」是也。

(一)永不寂寞的人

　　「一分耕耘一分收獲」，眞的嗎？不盡然，耕耘處所，如果不得當，即便努力一輩子，也不見得有好收成，那要如何？「自助人助而後天助」，求人不如求己，找對耕耘處所，選好福田，用心耕耘，「心中有道」掌握方向，邁向目標努力，終能達到目的地。

　　「船到橋頭自然直，是眞的嗎？」

　　茫茫大海駕駛船隻，無懼大風大浪，順利平安到達目的地，「船到橋頭自然直」才有實質意義。船到橋頭與否？掌舵者的技術和智慧不可或缺，亦如農作物收成好與壞，耕耘者專業與心思不可疏忽。

　　自知之明者，知己才能，選定目標，擬定方向，堅守人生「價值和定位」，親自上陣掌舵，達陣，展現實績，獲得大人們肯定，如此，「選擇權」才會落在自己手上，如願將船開到心中所願的目的地。

　　昔之，劉備所以三度親往造訪諸葛孔明，是因諸葛孔明的才能，足以經綸天下之故，故而言，是孔明選擇劉備，非劉備選擇孔明。也因劉備慧眼視英雄登門求才，孔明受其邀，攜手合作打造江山，而有三國鼎立態勢。

　　龍者，知己之才，發揮專長，憑藉實力告訴相關人士，用我者是你們的福氣，不識我者是你們的損失。所以，擁有真才實學的龍者，有權利選擇想要的「貴人、大人」們，共創屬於心所願的前程。擁有真材實學者，掌舵好你的心海羅盤，創造佳績示現於人，自有大人們造訪求教，做個永不寂寞的人，不亦樂乎！

(二)理想與空想決定你的前途

　　青年學子就業之際，帶著一股熱情，期盼早點投入社會，施展理想抱負。期盼當下，有些學子太過天馬行空，不務實際，忽略定位，想而不做。踏出校門進入職場，發覺，所想與實際迥然有異，頓時，心情沉落，像掉入虛無縹緲世界裡，無有定向，希望曙光瞬間消失，帶來的是不安情緒，最後頹喪，失去鬥志，放棄心中希望，這就是空想。

　　理想與空想不同之處，在實現可能性的有無？理想太過就成空想的化身。理想有「目標、方向、與規畫」。不論為何？天下無難事，就怕有心人，詳細琢磨你的想法，擬定你的「目標、方向」，規畫你的人生戰略。

　　青年學子們，充實才能，堅定理想，擬定「目標、方向」，展現才能，撼動自己也感動別人（九二與九五皆陽爻，無有相應之故，唯自充內涵以示人）「見龍在田」之日，嶄露頭角，你將成為炙熱人物，「貴人、大人」們登門造訪，你就可以選擇你心中所願的伙伴或是老闆。

　　理想必須符合社會需求，符合經濟效應，才能綻放美好的花果。能力再強也要有實績作後盾，「貴人、大人」們才有興趣與之接洽、接納。因此理想，不能脫離現實，想得到「貴人、大人」們的提攜與幫助，也該拿出點東西，展現才

能與實力，不是嗎？「理想與空想」取決於「才能與實力」的虛實，也決定前途「光明與灰暗」的走向，更決定能否「利見大人」的要件？

(三) 貴人何處來

先生最近氣色不錯喔！只見他手指這麼一招，說道：「您在近日內，將有貴人臨門」，真的嗎？好神，過了幾天，不見個蹤影，回頭，再問一次，沒錯，是兩天啊！如果不是，兩個月吧！結果，兩月後，還是沒消息，失靈了，可能當初，手指招的不對，錯把年當月，月當日，抱歉！抱歉！之後，沒下文了。（九二與九五，皆陽爻，無有相應之故。所以，貴人是自求而非外來。）

貴人從何而來，難道從天而降，不可能呀！什麼時候會來，道盡有所期盼人的心聲。貴人不會從天而降，它是慢慢經營來的，不請自來的機會可遇不可求。什麼樣的想法就有什麼樣的貴人，貴人品格「優劣、好壞」可能影響人生價值的發展，因此，交往對象是很重要的。

「貴人」定義不在於好壞、喜惡的判斷，能夠讓人成長的都是貴人。因此，貴人不一定全然是好人，往往口中貴人，可能是傷害最深的人，也未可知。好的貴人，總在需要

幫助時，適時伸出援手，實質幫忙解決問題的貴人；壞的貴人，則是令人掉入漩渦，賜予慘重教訓記取經驗，無形中讓人換得智慧的貴人。

貴人有百百種，不論是哪一種，記住，人啊！會做事更要會做人，如此，專業領域受到肯定，貴人自會受到感召，不請而來，主動支援、幫助或者共創事業樣樣來，不僅是「利見大人」，而是「真大人利於見」；如若不然，為了一時利益出自利害關係與共的結合，事畢，各奔東西，誰也不願意為對方背書，大難之時各自飛，何來引見提攜之舉？

「利見」是有條件的，先要看到「龍」的為人處事，再則專業領域受到肯定，那麼「貴人」處處在，也時時在，「進德與修業」兼修才是「貴人」臨門不息的法門。

(四) 自助而後人助

傳聞某高山得道能人，學問高深，有位年輕人風聞，欲尋訪這位高人。

開車來到山下，看到一條河流，河水不斷衝擊濺起浪花，他將車停了下來。剛巧，有一約五、六歲的孩童在玩耍，他問孩童們：

「小朋友們，車子開得過去嗎？」小朋友看一看車，之後，說道：

「車這麼大又有輪子，過河沒問題。不過還是小心點，從沒有看過有人開車過去，河水又不深，你看，船⋯⋯」年輕人只聽：

「河水又不深⋯⋯」話沒聽完，年輕人急踩油門，就往小河開去。咚的幾聲，大叫起來，說道：

「完了！完了！我的車完了。」只見有人從車裡跳出，氣呼呼大聲斥責孩童們。小朋友也不甘示弱反駁，說道：

「河水又不深，你看，輪子掛在船上都過了去，是你的技術不好吧！」年輕人心想，小朋友並沒說錯話，要怪，怪自己沒把話聽完，怪自己鹵莽無知，「河水險峻，莫要強渡」道理都不懂。過了不久，對岸有人用竹筏渡河到此，年輕人忙向前詢問。一位留鬍子的長者告訴他說：

「回去吧！回去吧！有點知識，就不致掉入河裡，還是請你多充實自己吧！」

現今社會類似故事裡的年輕人，不在少數，憑著一股莽

撞氣焰向前衝，衝到河裡，才知不妙，因為知識缺缺，就這
樣栽了下去，這樣笨的龍，不要說貴人，連孩童都不敢領
教，那來的「利見」大人可言。

　　年輕人在創業當頭，難免有徘徊時，寄望他人施以援
手，乃人之常情，求神問卜亦是常事，尋求高人指點亦無可
厚非，但，先要有底子。貴人來之前，先做自己的貴人，自
立自強完善自我，讓人有機會看到你的才能與能力。

　　卜得此爻辭，切不可痴痴等待，以為貴人就此來臨，就
算來了，又如何？沒有底子，又無突出表現，送上門的貴
人，也會離之而去。

　　欲得「貴人、大人」青睞，試問己之才德足與否？機會
不會無故從天而降，真掉了下來，還要看是否有本事承受。
「求人不如求己」，充實己才之能，加上實績作後盾，大人
感受此乃「可造之材、明日之星」，相信，「貴人、大人」
們即便是千里之遠，亦會造訪這位「見龍在田」的好人才。

第二爻　小象辭　象曰：見龍在田，德普施也。

　　九二「陽爻居陰位」，雖不當位，但居內卦之中，得以
持中使其正；九五在陽爻居陽位「得正且中」，故而孔子有

曰：「龍德而正中者也」。「九二」與「九五」並無對應，然，都有一個概念，「明正典範以振綱紀」。

　　子曰：「龍德而正中者也；庸言之信，庸行之謹，閑邪存其誠，善世而不伐，德博而化。」

　　易曰：「見龍在田，利見大人，君德也。」

　　「庸言之信，庸行之謹」，身為領導者，言行舉止，動見觀瞻，一動一靜之間，都足以引起效應，「謹言慎行」以正身則，乃「修身養性」概念。

　　「閑」，門與木合而為閑，門外有木柵戒護防範；「閑邪」防範不正邪念入侵；「閑邪存其誠」，「心存誠、念存正」乃「正心」之概念。

　　「善世而不伐」，行善世人濟世救國而不誇耀自己之能，「治國」概念之延伸。「德博而化」，受到施教的人內心被感化。

　　「見龍在田，利見大人，君德也。」見龍在田的君子們，足以感動、感化在上領導階層，是因擁有「修身、正心、治國」德性之故也。

「德普施」，「九二」以德行施教、施行感動、感化周遭，令其周遭人士受其惠，銘感在心。

「見龍在田，利見大人」的大人，非僅指在上「九五」的風範而已，深層內涵裡，是要「九二」在其本分職責內，發揮德行去感化更多部屬、民眾。

至聖先師孔子，雖不居位，卻能以「仁」述德講道，影響中華文化數千年至今而永垂不朽。

此爻的「利見大人」是泛指一般普羅大眾或基層幹部（或官員），欲見在上者(領導階層)。「九二」以君之德感動、感化他們，得到上層賞識受邀任用。更深層的另一意涵，告之，若上之不行，該當如何？

當下即是，求諸於己，以身作則，明正典範，以敬效尤。

(一) 人中龍鳳

競爭的職場，不論公家機構或企業公司，欲獲較高成就，在其職司其位，與人打交道、論交情不可免，畢竟職場上，充滿各式各樣的人。因此，職場上，除工作努力以外，

更要耕耘人脈，誠心與人相處，感化他人受人肯定。

易曰：「見龍在田，利見大人，君德也。」空有一身好本領真本事，少了與人結緣德行，只會令己陷入孤軍奮鬥，「好、壞」貴人，即使在你身邊，你也不曾在意，久了，無人願與之為友。

孤芳自賞者，自以為是，難與人共處濟事，即便功成名就，到頭來，仍將是孤家寡人一個。孤傲德行不被其認同，一旦，勢弱，面臨窘境，期盼他人襄助，恐怕，不容易呀！人，不要太過高傲，會做事也要會做人，君子當以「德行」為最，施見於人、於天下。

「君德」為尊，專業領域普施德行，聲名遠播之際，非你去見人，而是求教者，遠道而來，登門造訪，令人欣喜又快樂，「有朋自遠方來，不亦樂乎？」「利見大人」又有何難？

任重道遠，「君德」為尊，從己做起，個人則是受他人尊崇賢者；家庭則是受家人尊崇長者；社會則是受眾人尊崇賢達；國家則是受國人尊崇領導者，都是各階層的「人中龍鳳」，「修身、正心、齊家、治國、平天下」的概念，就在擁有「君德」者身上發出光芒。無論個人、團體乃至國家，凡有，先求自助而後人助，先求己之自重，「敬己而敬

人」。

　　「利見」先要看到「龍」的「德」及處事待人的「行」，「德與行」合一、「知與行」合一，普施德行見長於人，受到尊重與肯定，相信，貴人（大人）處處在、時時在，「人中龍鳳」非你莫屬，此乃「見龍在田，德普施」之故也。

☯ 第三爻｜爻辭 九三：君子終日乾乾，　　　　　　　　　夕惕若，厲无咎。

　　乾卦（☰☰），「九三」陽爻居陽位，與「上九」敵應，未得上層全盤信任，持剛以進，似有躁進之虞，故而有「君子終日乾乾，夕惕若，厲无咎」之勸勉與警示。

　　「君子」品德高尚的知識份子；「終日」從早到晚；「乾乾」進而又精進，自強不息修持德行；「夕惕若」到了晚上反躬修己；「厲无咎」戒慎恐懼以律己，以避禍害。亦即品德高尚的君子，時刻進德修業，精益求精充實學問，到了晚上反躬修己，戒慎恐懼以律己不犯二過，避免災害發生而无咎。

　　武俠小說中的大俠，為了練成絕世神功，品嚐各種辛酸苦處，不在話下。只見師父教拳法、耍刀棍、舞劍術，樣樣行，徒弟們跟著師父，從早到晚不息練習，精進再精進，個個都練得虎虎生風，「君子終日乾乾」；累了，想休息，這可不行，嚴以律己，反躬所學招式修己以精，警惕地告訴自己，不到完美境界誓不罷手，「夕惕若」；戒慎戒懼以律己，修練時不犯同樣錯誤，「厲无咎」。經得日復一日年復一年餐風宿露，武功已達最佳境界，經過師父考核，給予「合格」認證，終於可以下山闖蕩江湖，從此，社會武林又多了一位武林高手。

　　看過武俠劇中的孩童們，說道，「好厲害的大俠」，他們的風範令孩童們羨慕。但有一點，孩子們始終不太明白，為什麼電影裡的大俠，不用工作就有飯吃？

　　這個天真無邪的問題，值得大人們省思，也許是憑著高強武功打擊宵小，得到的潤金吧！因此，吃飯就不成問題。畢竟，天下沒有不勞而獲的好事，還是要花心血經營各自的武功秘技，用高超的內功心法豐富內涵，運作人生、事業，那麼在各位武功高強的手裡，如期完成使命，自能獲得豐富報酬。

(一)歷史遺跡

　　忙裡偷閒，適度調整生活步伐，放鬆心情，無可厚非，但不可像洩氣汽球，躺在那裡，就不可以。同樣東西、同樣戲碼重複使用，久了索然無味，也會消耗待盡，不能適時補充能量，增添新的點子，像汽球慢慢消耗，不剩一絲氣息，最後，為人所遺忘。社會變遷不可怕，可怕的是，沒有戰鬥目標，固步自封，變成無知的人，談同樣的話，做同樣的事，久無新意成了歷史殘渣，無人重視。

　　時代蛻變，為之君子者，不宜安於現狀，也不允許志得意滿，一旦放鬆心志，停息原地，不但削弱知識輪轉動能，也常使人不自覺中遺失創造精神，走入歷史遺跡。若不想成為現代歷史人，不可莫視求知慾望拋棄進取精神，更不可志得意滿自得益彰，反應告誡自己勤修學問，充實新知，才不致被社會淘汰，而能隨世代腳步走出自己的路，「君子終日乾乾，夕惕若，厲无咎」。

　　企業最忌諱的是失去戒慎恐懼心理，自恃營運佳成長高，登上時代寵兒而自滿，沉醉勝利光環裡忽略進取，磨耗掉自我創新意志。得意之際，忘了競爭對手快速發展，久而久之被競爭對手追上，時代寵兒變成了過氣英雄，成了夕陽企業，不再受重視；同樣的，雖是傳統產業，時刻創新再造登峰，永遠是受人尊崇的時代英雄。產業存在價值，本於

戒慎恐懼以律己，精益求精求進步精神，完善人生、事業規畫、經營。如此人生、事業，無有新、舊分野，亦無歷史遺跡的顧忌。

(二)悲劇英雄的省思

　　安於現狀或被勝利沖昏頭的人，容易停留在假象裡，少了圖謀進取，促使錯失良機，陷入泥澤難以脫困，悔之晚矣！成為原地踏步者或失敗者，過往歷史屢見不鮮，如宋之偏安，安於現狀，未能光復神州中原；被勝利沖昏頭的西楚霸王項羽，下場更令人膽寒。

　　回顧歷史，楚漢相爭，悲劇人物項羽，戎馬戰場一生，奔馳殺敵，所向無敵，贏得西楚霸王的名號，君王之位理應屬他。但，沉緬在勝利戰功的項羽，太過志得意滿，忽略潛伏危機，忘了「驕兵必敗」的歷史教訓。回頭反思，一個身經百戰的戰將，已經打下大半江山，若非得意太過，歷史有可能重新改寫。

　　剛愎自用的項羽，日以繼夜忙碌戰事，只知為戰而戰，贏得戰役，「終日乾乾」做到了；沉醉在自得益彰戰功，卻忽略「驕兵必敗」心理，「居安思危」之道棄之不用，「夕惕若，厲无咎」警語，蕩然無存，忠臣良將建言獻策，不予

理會、採納，導致一生奮鬥，毀於一旦，最後，自刎烏江，
成歷史上的悲劇英雄。

　　喜歡聽恭維的話，這個通病是大部分人的缺憾，好聽的
話，聽之；不中聽的忠言，離之。看好不看壞，失去警戒
心，慘痛悲壯歷史劇情，如是重演上場。

　　項羽與劉邦剛簽定盟約，誰知，劉邦轉過頭來，毀了盟
約，來個回馬槍，逼了項羽無路可退，自刎於烏江，江山就
這樣拱手讓給劉邦，真是悲慘，「驕兵必敗」展露無遺。追
究原因，太過輕敵，漠視危機，不知「居安思危，戒慎恐
懼」；再則，剛愎自用，不聽忠言；三則，千錯萬錯都是別
人的錯，不肯認錯又不知悔改，狂妄自大，不思長遠規畫，
導致失去警戒心的項羽，對劉邦突如之舉，反應不及，造成
江山已失，生命不在，難以追悔。

　　人不怕犯過，就怕不知悔改，改過遷善，乃大無畏之勇
者。怕的是，錯了不知悔改，一錯再錯，再回頭已是百年
身，悔恨晚矣！安怡度日的人們，要注意呀！

　　詭譎多變世局裡，莫為窩在溫室花朵，危機就在安怡中
潛藏著。因此，迎接新的挑戰，記住，警惕心態以律己，步
步為營，修德修業充實內涵，精益求精蛻變智慧，完善未雨
綢繆規畫，經營人生，才不致成了悲劇英雄，也不致陷入危

機風暴之中。

(三)失而復得

失去終將回復，往往就在調整心態轉化觀念的一念之間。沒有經過煎熬痛苦的歷程，沒有失去珍惜的東西，難能體會「失而復得」的可貴。

事業有成的企業家，整天忙著事業，彷彿家只是睡覺的地方，忽略家人的感受。某一天，工作太累了，回到家，躺在沙發上，睡著了。睡夢中，夢到慈祥的老神仙，隱約之中有了談話。

「你有什麼願望？」神仙問他。

他回答：「幸福、快樂。」神仙答道：「沒問題。」

接著，夢境出現夫妻爭吵情景，高分貝的吵架聲，嚇得孩子嚎聲大哭，之後，他看著太太牽著一對兒女往外走，揮手叫了一部計程車，揚長而去。

剛開始，心想老婆消氣後，很快就會回來。日復一日，過了一年有餘，太太寄了一封離婚協議書給他，氣頭上的

他，簽了字。他心又想，她微薄薪水是熬不了許久，但他忘了，一年多來，她從不求助。

事情出乎他的意外，他的前妻，已經找到合意對象，又過了一年有餘，收到前妻的喜帖。這消息，撼動他的意志，也打擊他的士氣，使他失去鬥志，造成公司營運，每況愈下，最後，結束營運。失業後的他，工作沒著落，生活愈顯困頓，最後，山窮水盡，才恍然大悟，夜郎自大的男人主義，害人不淺，忽略家人，漠視家庭情感，釀成妻離子散，悔不當初。

門鈴聲一響，驚醒夢中人，夢醒時，嚇得他全身冒出冷汗，還好是一場夢。他趕忙從沙發站了起來。往門口迎接老婆大人和放學的孩子們。之後，除了工作之餘，盡量減少外面的交際應酬，騰出時間陪家人噓寒問暖，關心家人的感受，從此，又恢復往常和樂的氣氛，過著快樂幸福的日子。某天睡覺時，那位神仙又來了，問他：

「幸福嗎？快樂嗎？」

「幸福也快樂。」一夢到天明。

擁有的東西，不懂得珍惜，一旦失去了，才知道可貴。失而復得，那種喜悅和幸福，絕非金錢或物質可以替代。多

一份關愛，多一份檢討，帶來的好處絕對利大於弊。

忙，可以。但，不要整天為工作而工作「終日乾乾」，忽略不該輕忽的事情，反而得不償失，如故事的先生，為事業忙過頭忙出了問題，就麻煩。不妨，忙中抽空，利用時間，反省一下自己，「夕惕若」，將缺點降到最低，戒慎恐懼以律己，避免不當或過錯的發生，「厲无咎」。

位高權重的諸公們或事業有成的大人們，精益求精求得利益的同時，更應謹慎自己的修行，切不可權力傲慢，利用時間多反省，戒慎恐懼以律己，檢討過失以彌補缺憾，擁有「居上位而不驕，居下位而不憂」的襟懷，做到「勝不驕，敗不餒」的氣度，那麼，跟隨身邊的隨眾就有福了。

第三爻　小象辭　象曰：君子乾乾，反復道也。

爻辭只針對「君子乾乾」之「精益」作概意註解闡釋。「至聖先師孔子」體悟到此爻時，意猶未盡，故而以「反復道」言其「求精」部分作更深層闡釋。

子曰：「學而時習之，不亦說乎？」學習當下「時勢」尤關學問知識，溫故而知新，溫習再溫習，從中體會出新的東西（觀念、思維）。言及此，孔子有股難以言傳的愉悅心境。不過，孔子還是忍不住，言傳出來。

子曰：「溫故而知新，可以爲師矣！」，「反復道」溫故知新，透過溫習過程，一再溫習過去所知、所學，「苟日新，日日新，又日新」精益求精，使其德有所進、業有所長，教學相長，止於至善，則「可以爲師矣！」

「反復道」強調「律己」進德修業精進之法，從「精益」到「求精」，提升「日有所進，月有所長」的法門：溫故而知新，惠己德業，更可教化他人，「有朋自遠方來」的友人，登門求教，若有所得，不亦樂乎！

人生、事業有起、有落，能力未逮之時，「乾乾復乾乾」，急早加快腳步，溫故所學而知新，舊意新解，新解創意，悟意理出，「一理在手」萬理通，有理走遍天下無難事，所以「无咎」，在於「終日乾乾，反復道」體悟「一理」之生成。

(一)時代寵兒與時代棄嬰

時代進步，世界輪動速度加快，知識分子的君子們，欲成「時代寵兒」，「反復其道」去蕪存菁，沿舊創新，尋求突破爲之「道」、爲之「中心思想」，迎接新世紀，超前之成就，始可成其「時代寵兒」的夢想。

　　「不進則退」適者生存的殘酷事實，隨時上演，「長江後浪推前浪」，今日「時代寵兒」，若不能「知物之始末，事之終始」，未能早人一步超越時代，又不思圖銳變，創新求改革，有可能成為明日「時代棄嬰」。唯有「知之」者，知其研發、不斷創新，才能在未來世紀，占有一席之地。欲成「時代寵兒」，眼光要敏睿外，學問知識必須充實，具備運籌帷幄先知條件，才有未雨綢繆規畫能力，超越時代輪動速度，突破固舊銳意創新，為之「時代寵兒」先驅者。

　　身為領導者（或當事者），時刻警惕自己「學而時習之」，絕不鬆懈，觀其所學，掌握時代脈動，亦如爻辭所言：「終日乾乾，夕惕若」，知其所不及，「寓知寓行」銳變以創新，立於不敗之地，穩中求進，走上時代前端，而能成為「時代寵兒」先驅者的前導。

　　不論時代如何演變，萬變不離其中，人生、事業經營的吉、善，在於「君子終日乾乾」，「反復道」以創新觀念，爭取時代主導地位，免於被時代風暴吞噬，得以啟動人生、事業另一高峰再造。

　　存亡之道，在於戒慎恐懼心態，心存「居安思危」危機意識以律己，才能平安無事面對世局衍化銳變，「厲无咎」；日新月異精益求精求進步，「苟日新，日日新，又日

新」在於「反復道」學習，溫故充實新知，破除無知障礙。「時代寵兒」與「時代棄嬰」就在一念間「反復道」律己省思：「改革、銳變，創新」歸於「一理」生成之用。

☯ 第四爻　爻辭 九四：或躍在淵，无咎。

乾卦（☰☰），九四「陽爻居陰位」，不得位（陽爻居陽位或陰爻居陰位，得位也），居上卦之下，又不得中，它跟九三不同，九三在內卦，不出關外，關在家裡，人家不會這麼留意，可，現在，已經出關在外，難不成是失蹤人物，它的身份地位玄疑的很。

九四爻辭，無有「龍」字，難不成比神龍還要神祕，「神龍見首不見尾」還有個究竟，這個爻辭裡，連個「龍」的影子都不見，究竟，「九四」在玩什麼把戲？

「或躍在淵」依狀況動靜之間，選擇「或躍」與「在淵」進行「進退」之道的變通應用，爻辭中又有「无咎」斷語，告之，「九四」是「或躍」與「在淵」都能「无咎」，可知，「九四」絕不是泛泛之輩，不得位又不在中，即然能「上達天聽、下達人事」遊刃其間，而「无咎」，究竟，「九四」是何許人也？

子曰：「上下无常，非爲邪也。進而无恆，非離群也。君子進德修業，欲及時也，故无咎」。

「或躍」是指向上一躍「入龍門」入廟堂(可喻爲進入權力、事物核心之領導人物，領導階層)；「在淵」是指向下「入淵」入民間，「九四」之所以穿梭「上下」之間，時上時下遊刃其間，爲了「上達天聽，下通人事」，非爲邪，「上下无常，非爲邪也。」

「或躍」是進：「在淵」是退，進退之間，沒有一定非要持之以恆的常軌，所謂「水無常形」，依形勢之變化、變遷，通達權變之謂。簡而言之，適時變通，「變通」非借故遁逃，脫離群體之列是「虛」，權宜之計是「實」，「進而无恆，非離群也。」意即上層需要我時，我到；下(基)層需要我時，我到，依實際狀況作爲我「或躍」與「在淵」之間的「進退」之用，「實」質的運作，非「虛」的敷衍了事，依情勢需要來作判定。

君子進德修業的目的，是爲什麼呢？更上一層樓，即知如此，及時「勤學習作功課」，累了，暫停下來，在淵「休息」。在淵「休息」爲進德修業之需，爲往後儲存更多能量，現今，暫時止在那，不會有什麼大礙。

引伸開來，欲成就其事，「上下无常」是爲權宜變通；

「進而无恆」是爲形勢之需所爲之「進退」之用，非爲了「一己之私」的邪念，也不是爲了「離群脫隊」貪名圖利，一切是爲「上下」兩個階層搭起「溝通或友誼」橋樑，居此位之仁人君子，當然要有「進德修業，精益求精」，這種想法，才能「无咎」於身。

「九四」這個位置不是一般人能坐的，沒有足夠的「才能、實力」難爲其事，若以現今言語論「九四」者的身份，有如顧問、白手套或談判高手等等之類。

（一）「或躍在淵」的多層思維

人生境遇有多層選擇，雖然有些不能改變的事實，但事實上很多東西是可以改變的。也許有人會說兄弟姊妹無法選擇也無由選擇，這是不容改變的事實，那是表相，內心的想法、觀念難道不可改變嗎？不，它是可以改變的，不能改變的是血緣，「親與不親」跟內心感受有密不可分的關係。內心感受，親疏觀念轉變，決定親情深淺。

事情境遇亦有多層選擇，雖然有些外相表徵不能改變，但事實內涵可以用想法、觀念轉向，很多的不能，因想法觀念變通而能，能與不能根據能耐多少作選擇，秉持「有多少實力做多少事」的穩健作法，才是保安然無恙的方式。

「或」根據事實適度改變想法、作法的選擇，「或」有不確定變數因子存在，是一種選擇也是一種選項，予以人們便於應用變通方式，改變作法權宜之計，在不容改變事實架構下，作為修正觀念想法的應用，這是很多投資者善用的法則。

市場的任何投資都有風險，風險存在是事實，不是任何人可以改變的，可以改變的是投資觀念，投資本無一定的準則，風險存在讓投資者有多層考量，選擇自己有利的投資策略，雖不能改變整個市場脈絡趨勢，卻可調整投資方式，是要「在淵」蟄伏不動保留資金，或是「躍」而投入，根據市場趨勢與資金多寡，作為投資觀念調整依據，利於主控「操之在我」的籌碼，不善加猜測，不強渡關山，時行或時止，適時變通權宜應用，控管風險在調度範圍內，而能安然无咎。

躍與否在於淵，「淵」的內涵又是什麼呢？當人受到重創，像掉進無底深淵情景，這個「淵」就是痛苦難熬的程度，抗衡外界力量實質籌碼的備用力量，想當然耳，處於痛苦情境作出抉擇選項，心境必定超出預期難熬。歷來偉大事蹟功業的成就，都是歷經多層煎熬與痛苦磨難而出的結果。

蝴蝶，歷經破繭的痛苦成就它的美麗，英雄豪傑，歷經

滄桑磨難成就他的事蹟功業，不知凡幾的「或」許盤旋在它們身上，最後，選擇挑戰，盡其所能從挑戰過程累積「在淵」的能力，累積不畏挫折艱難能量，接受摧殘考驗，熬過心裡最難過的歷程，就在承受無數壓力的地方，綻放甘美的果實，所有辛勞苦難歷練是值得的，了無遺憾，故而「无咎」。

「在淵」令人痛苦難耐，卻是成功者必須經歷的過程，很多的「或」許成了滋長智慧的養分，增長解決問題的動能，更是讓人「躍」進更高層次的跳板。躍與否，在於睿智的選項與抉擇，雄厚實力做後盾，堅定決心做決定，透過「在淵」實力的多寡做事，才不會顧此失彼，懸在半空中，不得上下。

(二)台下十年功，台上十分鐘。

「台下十年功，台上十分鐘」，從媒體螢幕或現場看空中飛人的表演，表演者在高空飛來飛去，技巧令人折服。表演者神情看似氣定神閑，個中險境，豈是常人所能領會，稍有不慎，生命就消失不見，不禁讓觀眾捏把冷汗。

人生旅途，每逢重要關口，需要的是冷靜思考，作出正確抉擇，從事實結構裡，抉擇一條通往「操之在我」的道

路，讓人生事業在重要關口，有所突破暢通亨行，若不然，抉擇角度不正確，可能讓人摔得鼻青臉腫，甚或賠上一生。舞台十分鐘的光芒是舞者數十年努力累積的心血，表面風光背後，隱藏著「操之在我」的主導能力，一種歷經辛酸過程洗鍊出來的智慧與能量。

空中飛人以冷靜沉穩態度融入實況，精確掌握現場節奏以「操之在我」態勢到渾然忘我，擺脫外界一切干擾，溶入高危險的表演。如果，心思不專，憑空一躍，撲個空，結果，很嚴重，可能造成無可挽回的局面，「一失足成千古恨，再回頭已是百年身」，悔之晚矣！

「成功與失敗」僅有一線之隔，隨機應變不允許絲毫的分心，在不同階段必須掌握不同的節奏，拿捏「或躍」與「在淵」精確角度，絕不允許錯誤發生，一時的判斷誤差，付出的代價是很大的。

「台下十年功」紮實的根基是「台上十分鐘」的保命丹；「在淵」儲存能量是「躍」的保命丹，根基紮實能量充足，才能避開風險，遠離風浪的侵襲。空中飛人能安然無恙，心理絕不存任何僥倖，他了解，什麼時候該躍，什麼時候該留在原地，生命與安全，就在一瞬間的選擇，必須完全掌控變化，才能平安無事。

　　事業或人生，遇到轉折的時候，務必冷靜，慎重評估能量與能耐，在「操之在我」範圍內作選項，不受外物干擾，不爲利害動搖，憑借足夠實力規畫事宜，專心一致進行運作，而能无咎，「或躍在淵，无咎」。

第四爻　小象辭　象曰：或躍在淵，進无咎。

　　「人往高處爬，水往低處流」。「或躍」：「志行」高尚其志成就大業；「在淵」：「內修」保持虛懷若谷胸襟，虛以納人、空以納物，學無止境以進德修業，精益求精到收放自如，穿梭上下人群之中，盡其所能盡其所長，圓融事物順遂進行，受人尊崇萬人敬，臻於人生巔峰無憾事，「進无咎」。

　　「在淵」是爲每一次功成之後的身退作準備，「潛修」德業以臻化境界，作爲下一次「或躍」動能，作爲再次躍進風湧雲現機會的動能。

　　人生旅途，有起有落，「起」是「或躍」另一高峰的曲折過程，「落」則是功成身退的潛修，精進人生境界，身修涵養的再昇華。

　　小象辭：「或躍在淵，進无咎」是「進中有退，退中有

進」活動過程的現象。「或躍」與「在淵」之間，彼此交相更迭，運行不息創造向上提升的前進能量。「在淵」乃身退「內修」蓄積能量之需；「或躍」則是「志行」、「成其志，行必果」的實踐，兩者都是「進」，進以臻化人生境界，求得功德圓滿，故而言「進而无咎」。

「心有餘力而力不足」，「在淵」放下潛修，內充能量重新出發，「或躍」提起動能，登上人生另一高峰。「在淵」潛修，非為其他，只為得其「一明境指一明路」，它是「柳暗花明」又一「或躍」的力量。

＊＊不論心力足與不足，心力足時臻化境界昇華，「或躍」以進；心力不足時，更要「在淵」進德修業以補不足，兩者都是「進」，相輔相成「進」之无咎，處理事物解決問題，故而言「或躍在淵，進无咎」之深邃意涵於此。＊＊

(一)達則兼善天下，窮則獨善其身。

善於應用「或躍」與「在淵」進退之道者，身心兩宜且能收放自如，掌握機先進退有度，「達則兼善天下，窮則獨善其身」。「或躍」志行，當仁不讓，勇於進取；時運不濟，「在淵」內修，養精蓄銳、伺機待發。

君子者「窮則獨善其身」，盡心盡力做好本分事，既是對本身負責，亦是爲社會作出貢獻，隨著君子不斷精進發展，「後天下之樂而樂」悲憫襟懷，盡己所能爲社會穩定與發展作出貢獻。（世道不行，能做的，在本分內，樂觀積極貢獻己力，乃「後天下之樂而樂」悲憫襟懷之賢達。）

「或躍」與「在淵」，隨情勢之需，偶爾的放下「在淵」，是另一次提起「或躍」的機會。世事本無常，唯覺悟者，無論成敗，務必抽離「己私」的權利欲望，一時的退一步，非不爲，而是爲了爭取更多「緩衝時間」累積能量，獲得伺機而爲的「躍進空間」。

凡有，「忘私濟公」爲上，「上下无常，非爲邪也。進而无恆，非離群也。」肩負起君子應肩擔的責任，奉獻自我，利益社會福澤天下爲重，幫助需要幫助的弱勢者。

身居「九四」仁人君子者，總能在「或躍」與「在淵」之間，進德修業，及時發揮慈悲襟懷，以「先天下之憂而憂」氣度，讓更多弱勢者受其惠澤。

仁人君子，非口頭高喊「仁義道德」就罷了，而要「知行合一」秉持「忠信」精神，說得到、做得到，才是眞君子之所爲。名符其實的眞君子，「言必行，行必果」得人尊崇敬重，故而无咎，「君子進德修業，欲及時也，故无咎。」

　　欲居「九四」之位的」仁人君子，當要修好「或躍」與「在淵」之道，拿捏人生、事業的「上下、進退」，才能臻化至「達則兼善天下，窮則獨善其身」境界，「或躍」與「在淵」之道的貫通又在於「進德修業」的精益求精。

☯ 第五爻｜ 爻辭 九五：飛龍在天，利見大人。

　　乾卦（☰☰），「九五」陽爻居陽位，居上卦之中，「陽剛中正」居尊位，意指最高領導者或境界至高的聖賢者。「九五」就像飛在天上的龍，他的品德操守及施政績效，如同「飛龍在天」為天下人所利見，「飛龍在天，利見大人」就是如此。「九二」與「九五」都有「利見大人」，引伸意涵卻有所迴然不同的解讀。

　　「九二」之「利見大人」乃為博得提攜之功，以專業領域或品德操守，見長於世人，博得肯定，故而言「見龍在田」，以得功名利祿；「九五」之「利見大人」則是在位領導者，施政實績與德行操守，如「飛龍」一般「在天」接受人民檢驗。

　　居於「九五」至尊的領導者，應備「先天下之憂而憂，後天下之樂而樂」氣度、胸襟，似神話中的飛龍在天上遨遊，高瞻遠矚觀看世間道，關懷社會滿足蒼生需求，為天下人精神領袖，希望的化身，這位「飛龍在天」的領導者，將是天下人所樂於利見的大人物，「利見大人」是也。

　　孔子繫辭針對「飛龍在天，利見大人」有獨特見解與闡釋。

　　子曰：「同聲相應，同氣相求；水流濕，火就燥；雲從龍，風從虎。聖人作，而萬物睹，本乎天者親上，本乎地者親下，則各從其類也。」

　　天聽自我民聽，聆聽人民心聲，「知民之所欲，長在我心」，與民同在，沆瀣一氣，榮辱與共；就像水的特性，水流行之地就溼潤，尤如在上者施祿及下，均霑雨露普施甘泉，滋潤人民的心田，又似火的特性，燃燒之處就乾燥，亦如在上者高尚「德行操守」，激盪人民的活力燃燒起熱情，提升信心指數向上發展，「同聲相應，同氣相求；水流濕，火就燥」；「雲從龍，風從虎」風雲湧現之際，臥龍起，猛虎驚，正是風雲際會，創世濟業福澤蒼生之機。

　　「九五」至尊的領導者，「飛龍在天」之際，您的心思

與作為是什麼呢？

　　莫忘了，您是人民心目中的「精神領袖」是人民心目中「希望的化身」，您的言行舉止，天下萬民在瞻仰著，您有責任引導天下蒼生往正確方向發展，以「飛龍」之姿「尊天」之態，乘時勢變化得天時以進退，蒼生所需為大，己身功德為小，悲天憫人襟胸，造福蒼生，使「老有所終，壯有所用，幼有所養」，引導所屬就其各層次特性、屬性妥善規畫其職司，該當向上就往管理層級發展，該當往下就往基層生產發展，分門別類各從其職各就本分，「聖人作，而萬物睹，本乎天者親上，本乎地者親下，則各從其類也。」

（一）　「飛龍」們的省思

　　「飛龍在天」，成就和地位發展已至高峰境地，為天下人所「利見大人」。

　　「九五」至尊所以能夠「飛龍在天」除「人格特質」及「德行操守」，能否依理行事是至要。至聖先師孔子，針對這個問題，提出他獨特見解，說道：

　　「夫大人者，與天地合其德，與日月合其明，與四時合其序，與鬼神合其吉凶。先天而天弗違，後天而奉天時。天

且弗違，而況於人乎？況於鬼神乎？」

　　身爲「九五」至尊的大人們（意指各國的最高領導者，或團體最高決策者及有名望聖人賢達等等謂之），除了操守要好，德行要充實之外，「上通天文、下知地理」與天地合其德，與日月合其明，「通變四時運行規律」與四時合其序，「牛鬼蛇神打交道」與鬼神合其吉凶。一切按照自然規律來辦事，故而有之後的一句話，「奉天承運，○○詔曰」。

　　「先天而天弗違」，大人按照天理規律做事，感動天地，故天地也不會違背他的意志；「後天而奉天時」，大人按照天理規律做事，遵循時令節氣 （意指春生、夏長、秋收、多藏的運作），順從天地的秩序，與四時合其序亦是奉天理規律做事。大人按照天理規律做事，天地也不會違背你的意志，何況是人？何況是鬼神？也不會違背「九五」至尊的意志。

　　「九五」至尊，之所以「飛龍在天」能立於不墜，一切按照天理規律來辦事，老天爺也會站在他這邊，眞是好厲害的大人，牛鬼蛇神也要買他的帳，用來應對人情義理更沒有問題，眞是太偉大了。條件這麼好的大人，必爲天下人所「利見大人。」

歷史上，君王朝綱敗壞，就是君王不按照天理規律做事之故，將國家和老百姓弄得民不聊生，才會出亂子，慎重地告訴領導者，身處「飛龍在天」之位，務必慎重，一切按照現行制度規矩，行使「權力及義務」，關係著人生、事業、或江山社稷後勢的發展，更關係著能否居「飛龍在天」於不墜的歷史定位，是成為天下人所「利見大人」的尊崇敬仰？亦或成為天下人所「利見大人」的歷史罪人？為當下居「九五」至尊之位的「飛龍」們省思。

(二) 歡喜神討厭鬼

「精氣為物，遊魂為變是故知鬼神之情狀。」，鬼神是怎麼來的，很多人真以為是從天而降由地穿出，講不出所以然來，原來，鬼神是遊魂變的，境界高的做神，境界不夠的做鬼，做鬼神也要有學問，陽世間就是要多讀書，多點學問，將來，好立業成事。

處於高峰居於天位的「飛龍」掌握有利資源，當要「戒慎恐懼」以對，想一想，高處不勝寒的道理，做神、做鬼在一念間運作。做人家愛戴的「歡喜神」？還是做人家唾棄的「討厭鬼」？就在觀念心態轉折。

領導者掌握龐大權力資源，眼光要放遠，格局要放大，

「事必躬親」事事都要親自動手，非上策，管一些芝麻綠豆大的小事，也不是正確的作法。所謂「君子動口不動手」，專為宏觀有為者留下伏筆，領導者，要做的就是想好事，動尊口，為眾人請命，為蒼生謀福利的大事，小事交給身邊的幕僚就可以。

小事做再多還不如遨遊天際，想出好點子，「精氣為物，遊魂為變」精益求精，氣定神閒作出好決策，嘉惠蒼生福澤生靈，比拿個鋤頭在田裡種田強的多，是鬼要方子亦是神來助人，人們心中自有定奪，「是故知鬼神之情狀」。

大事不做專做小事，苦的還是多數人，格局小的「討厭鬼」，讓民眾感受不到好處，終會失去眾人的信賴感。因此，領導者應從貫徹「理念」為重，告訴眾人，告訴蒼生，願景與抱負究竟在那裡？希望給予眾人何種理想國度？

有為的領導者，給蒼生帶來無限希望，絕對強過拿鋤頭，動手的事就授權幕僚部屬執行吧！切莫本末倒置，小事做的再多，也敵不過一個好決策、好政策。

居於天位的領導者，多點腦力激盪，讓靈魂在腦海多轉幾圈，客觀分析仔細評估，形成務實理念，落實理想兌現，帶給眾人福祉，蒼生希望，注入多點活絡氣息，帶動多點活動能量，用在企業則蓬勃發展，用在國家則國強民富，用在

家庭則日益興旺。「決策與實務」縝密結合，讓人感受到施政績效，實質獲得利益，眾人蒼生皆曰「英明」，那麼，事業功績屹立高峰，「飛龍在天」不墜於世，非不能呀！精神不死，名留千史，萬古流芳，成為人們心目中膜拜的「歡喜神」。

第五爻 **小象辭　象曰：飛龍在天，大人造也。**

乾卦（☰☰），「九五」陽爻居陽位，又居上卦之中，陽剛中正居尊位，意指最高領導者，或境界至高的聖賢者，非忽然而至，而是唯心「所造」而來。

子曰：「同聲相應，同氣相求；水流濕，火就燥；雲從龍，風從虎。聖人作，而萬物睹，本乎天者親上，本乎地者親下，則各從其類。」（前有闡釋，不加贅述。）

「鳴鶴在陰，其子和之，我有好爵，吾與爾靡之。」鶴在看不到子女之處發出長鳴，子女聽到長鳴沿聲唱合，我有好酒好菜，願與你分享。」引述「同聲相應，同氣相求」如是情景，引發孔子對人生的感言。隱喻中，透露出一個哲思，不論，言行舉止，「先有付出，才有回應」的深思。

子曰：「君子居其室，出其言善，則千里之外應之，況其邇者乎。居其室，出其言不善，則千里之外違之，況其邇

者乎。言出乎身，加乎民，行發乎邇，見乎遠。言行，君子之樞機，樞機之發，榮辱之主也。言行，君子所以動天地也，不可不慎乎！」

孔子感慨說道：「君子居在家中，發出合乎情理言語，即使千里之外，受到感召者，願與之和鳴，況是近於咫尺的人呢？君子居在家中，發出不合情理之言語，即使是千里之外，有人不以為然，持以反對，何況是近於咫尺的人呢？

言一出己身，語及於萬民，行發於近處，卻能深遠影響活動發展。「言行」，君子為人處世的樞機，樞機一發，關係榮辱得失。「言行」彌綸力量是很大的，足以撼天動地，身為君子（指欲成飛龍的大人們）對於自己言行，不可不慎呀！

從「鳴鶴在陰」引伸到「不可不慎乎！」孔子意在強調「忠信」概念。

論語學而篇，曾子曰：「吾日三省吾身；為人謀，而不忠乎？與朋友交，而不信乎？傳不習乎？」其中就占的兩項，一是，為他人謀事，是否忠實盡己之力為人謀事、做事？二是和朋友交往，是否心誠待友不失信於人？

孔子再三引述，為讓「九五」領導者瞭解主「忠信」的

重要性，當以「忠信」爲精神主軸，進行施政依循方針，才能如實「上達天意，下通民意」，「言必信，行必果」，崇天敬地，深入民意，成就「飛龍」之尊位，存乎大人一心之造化。

「飛龍」之所以爲「飛龍」，「權勢、地位」已達天之際，仍以「忠信」造化事業功蹟，爲眾所尊崇、敬仰，得以穩居其位而不墜，「飛龍在天，大人造也。」

☯ 第六爻 ｜ 爻辭 上九：亢龍有悔。

乾卦（☰☰），「上九」陽爻居陰位(與下之九三，陽爻對陽爻，無有對應)，不得位，故而有「貴而無位」，不在其位要謀其政，爲龍之亢的主因。

「上九」位置已經很高了(古之太上皇亦或居高位做非所司之職者等等)，但，卻忘了應有之身份地位，不在其位要謀其政，做非他應做的事，就是亢。

董事長，管理公司大事情就好了，他偏要管小領班的事情，忘了董事長職位，讓底下領班無所適從，到最後，大小事通通都交給董事長。眞有大事，誰敢與之爭，小事不讓做，況是大事，後悔了吧！不須事事管，偏要管，管到不該

管,就是亢,「貴而無位,高而無民,賢人在下而無輔,是以動而有悔也。」就是如此情境,最後,大家裝作若無其事,等董事長事事親為。

君王地位無人可比擬,為滿足權力欲望,索性大小權力一把抓,非好現象;君有君的權力、臣有臣的本分,已經授權給臣子,理應放手交辦,但,就是不放心,君王占著臣子位子做了起來,權力太過,造成君強臣弱的窘境,「君不君、臣不臣」擾亂朝綱紀律,過於抓權、放權就是濫權,「亢」太過容易出大事。

(一)留餘地給自己

人,最忌諱的莫過於「亢」的心態,以為坐上領導者的位置,就能肆無忌憚應用權柄發號司令。雖擁有位置名位,行使不當權力,做一些匪夷所思決策,傷害的是大多數人的利益,底下無言也無力抗衡,但內心怒吼日益累積到無以復加之時,缺口一旦潰堤,群起反抗,衍生危機與後果,會超乎想像的嚴重,「知進不知退,知存不知亡,知得不知喪」。

世上雖沒有絕對的是非、對錯,卻有必然發展過程衍生的規律,所謂的因果循環屢試不爽。剛愎自用,利用權位發號不當命令,逼迫部屬,威脅周遭,久了必然累積抗衡

力量，不出事則已，出事必是了不得的大事。部屬看苗頭不
對，必然閃在一邊或者使不上力，該怪誰？位高權重權傾一
時，用之不當後果嚴重，嚴重到難以收拾，下台都有可能。

　　權力太過使人腐化，好處自家收，壞事別人拾，天下哪
有這等事，遭逢艱難困境想得到部屬幫助扶持，難了，這就
是因果報應。踩剎車知錯能改，轉環餘地還是有的，畢竟，
人們是健忘的，改善有了成效，扭轉情勢，事過境遷，過了
就算，人家還是會原諒，除非真的太過，神仙也難救。

　　唯我獨尊，抓住權勢不放，任意擴權，縱有天才良將，
也難有用處，導致「貴而無位，高而無民，賢人在下位而無
輔」，天下只有一人講了算，能力強、實力夠的人才，必將
一一離去，留下的，是一些乖乖牌，「權力至上」的迷失，
促使用時無大將，人生、事業不出問題，才怪，「亢龍有
悔。」

　　「太過」亢的微言大意，「心思、做事或言語」太過，
促成視而不見、聽而不聞，一意孤行的莽夫，路愈行愈窄，
走到死胡同裡，才知，完了。凡事太過易迷失本性，只知前
進的好，不知後退的奧妙，只知繁榮的美好，不知枯萎的殘
酷，吃到悶虧難以收拾時，才知後悔，晚矣！

　　凡事好到極點也有碰壁時，何況於「過亢」心態，過於

執著，只知重好而不思失敗帶來的後果，只要遭遇一次重大危機，就足以讓亢過頭，付出慘痛代價。

凡事，留餘地就是給自己留活路，才不致太過於「亢」，造成有了這山不留那山，真出事，連屈身之處都沒有，後悔也沒得救，天作孽尤可活，自作孽不可活，都是太過「亢」惹的禍。

(二)好漢不談當年勇

遵循老路，始終如一，緬懷過去，談的都是過眼雲煙的往事，忘了時代改變事實。「風光和慘烈」兩極端，最令人深刻，易被鎖在內心深處，當成是「寶貝、痛處」儲藏室，停滯在過去，不圖改變並無益處。「好漢不談當年勇」的好漢，反而會利用歷史遺跡化為經驗，創造另一美好的人生結晶。

慘痛經驗令人裹足不前，一朝被蛇咬，徒生杯弓蛇影，懷憂喪志，缺少奮鬥勇氣，軼聞再精采，不值一談；另則神龍活現，滿足眼前，嘴上談功績，就是不敢往前跨一步，深恐戰績毀於一旦，因而畏縮。這兩者背負著過去的歷史包袱，不敢接受時代挑戰，都不是跨越尖峰的好漢。

好漢能夠將當年勇遺留的歷史，化為經驗，轉為奮鬥動

能，歷史是他取得經驗，提升智慧的泉源，他絕不將時間浪費在無意義的回憶時空裡。好漢能夠記取慘痛經驗，戒懼警惕防止類似錯誤再度侵襲，使它更成熟茁壯，亦步亦趨、穩紮穩打面對未來再創新局，當年勇的過往，反而是他淬取經驗轉化智慧的養分。

同樣是當年勇卻是兩樣情，只為緬懷而緬懷，無有實質意義。反觀，善用當年勇經驗為借鏡、依循，必有所為、作為。人，得意或失意時應保持不卑不亢心態，逢憂患不愁眉，聞喜訊不雀躍，遇大事不心慌，「知所進退，知其存亡，知其得失。」好漢永遠向光明途徑邁進，絕不沉醉於過去包袱的殘渣。

歷史是預留給現代人作為未來奮鬥目標的前導，緬懷過去種種不要「太過」，該交替時要交替，以延續歷史活動，為另一個世界提供光明指引。

昔之君王，退居幕後，頤養天年，因緬懷過去權力功績，忘不了權力慾望，造成新政君王的困擾，甚或干政引發權力鬥爭，造成政局紊亂。人，若不能改變「不在其位不謀其政」，就不是一條好漢，「不知所進退，不知其存亡，不知其得失」終將惹禍上身，不得脫困，「亢龍有悔，窮之災也」。

(三)亢的警示和代價

亢，是屬於心理活動狀態，警示人們，凡事，得意不可過了頭，一旦，太過，過於亢奮得意忘形，樂極生悲付出的代價會很大。

社會新聞報導年少青年，騎著拉風機車在市區某路段，飆車，速度到了極限，如入無人之境，橫衝直撞，險象環生，令人觸目驚心，無視法律及社會規範。

警察先生趕到現場，飆車少年，視若無睹，沿途叫囂，公然向公權力挑戰。警察先生，一再舉牌警告，規勸無效，展開攔截行動，危險情事就這樣發生。

九拐十八彎蛇行駕駛，跟警察先生玩起捉迷藏，突然，發出「碰！碰！碰！」聲響，好幾部機車連續撞擊，釀成連環車禍。其中一輛機車，撞擊到油缸產生破裂，接著響起巨大爆炸聲，竄出火苗，火勢愈來愈大，被火波及的少年，囂張的叫嚷聲不見了，變成呼天叫地的哀嚎聲，像人間煉獄，慘不忍睹。

為了一時快意，一時的滿足，毀了一生，值得嗎？又該怪誰，是社會風氣的錯？還是父母們養而不教之過，亦或是他人的錯？對當事者而言，人都毀了，悔之晚矣！這些不知

輕重的龍少爺，太過亢了，亢過頭，毀了一生。

　　事情，一旦，過了頭，緊迫在後就是「後悔」莫及的憾事。領導者千萬不要掉入「權力至上」的迷思，太過亢，得意忘形，衝過了頭，那把火，不但燒了自己，也會殃及無辜，「知進不知退，知存不知亡，知得不知失」，不止是後悔，更大危機還在後頭。

（四）決策搖擺來自於亢過頭

　　超現實，非能力所及，不可能實現的遠景，就是亢，亢過頭了。東西丟了出去，石沈大海沒有下文，不可能的遠景，當然促成不可能的任務。後果，輕則損害誠信，重則付出代價。

　　領導者，千萬不可不經思考，將粗糙想法草率丟了出去，急就章的下決定、做決策。錯誤的決策比其他錯誤來的可怕，一個錯誤決策可能導致一生努力化為烏有；一個錯誤決策，可能讓眾人的權力與利益受到損害。錯誤的決策，在於亢，亢過頭。

　　決策非小事，必須慎審評估，深入探討，不可憑藉「喜惡與意識」作定奪，必須充分瞭解「決策與實務」差距，配

合客觀條件擬定配套措施，以杜絕或防止「亢」過頭情事發生。違背客觀環境做出錯誤決策，必然引起反彈，導致決策難以實踐，事與願違，亢龍有悔！

　　卓越領導者，絕不允許憑藉天馬行空，隨便丟出一個不可能實現的決策，若然如此，勢必造成人心搖擺，信心動盪。決策搖擺源於「亢」，太過脫離現實結構促使錯誤判斷，重者危及整體層面，傷及整體利益。一切錯誤決策，就是亢，過了頭，失去理性判斷所促成的苦果。

第六爻　小象辭　象曰：亢龍有悔，盈不可長也。

　　「亢」是「過」，過了頭，易惹是生非，心生懊惱、悔恨，故言「亢龍有悔」，如何以對？至聖先師孔子小象辭有云：「亢龍有悔，盈不可長也。」

　　「盈不可長也」事情過了頭，超出預期、預計，要知所變通。解決問題，除從事情特質、本質去找問題的本源、癥結，當事者心態要適度調整，因，這非僅是外相「量」的問題，內中含概內心「質」的改變問題，「質與量」互變相通，相輔相成，才得以解決事情於未然、完善。

　　「盈不可長也」心態太過，「亢」過了頭，後悔的事，

就會發生，此種「亢」過了頭氣焰不可滋長，若是本性不改，硬勢而為，事情不但得不到解決，還可能衍生更多的問題、疑惑。

「盈不可長也」事情不能亢過了頭（過於執著、過於善變或欲望太過等等），能做、該做的，從「心態」改變著手。從「心態」改變，重新「衡量」事物本質，轉化觀念，重新「定位、思考」創新思維，擬定新方案解決問題於當下。

亢龍有悔，何謂也？

子曰：「貴而無位，高而無民，賢人在下位而無輔，是以動而有悔也。」「貴而無位」，貴在上，已經最高了，為何「無位」？

繫辭所言：「卑高以陳，貴賤位矣。」的位（繫辭所言），指的就是「貴」位是由底層最卑賤的位置，逐步進展而來，由「賤」到「貴」非忽然而至，就如，乾，由「潛龍」、「見龍」、、、至「飛龍」至尊之位，今為「太上至尊」，還一再索取更多權勢、利益，忘了，身居此位之原意、責任，就是「貴而無位」的意涵，亦即「不得其位，不謀其政」之深層隱喻。

社會團體、國家領導階層的有權勢之人，忘了（或忽

視）本身現處之「位」，逾越權限，做非己應爲、應管之事，身居其位的「賢人」虛有其位無有實權，無所是事，形成「君強臣弱」態勢，事事君主說了算，成了孤家寡人，「高而無民」呀！聽不到人民的心聲，大權大握，權力一把抓，有「賢人」也等於無，無權無勢做不了事，促使「賢人在下位而無輔」，「無民」又「無輔」，做什麼事，當然要自個兒擔，很辛苦的，故而「是以動而有悔也。」

故而也勸勉「上九」，說道：「亢之爲言也，知進不知退，知存不知亡，知得不知喪。其唯聖人乎！知進退存亡而不失其正者，其唯聖人乎！」

聖人（君）要知所「進退」，深解「進退」之道、「存亡」之道而不失其正。「不在其位，不謀其政」原則下，使其各正其位各職所司，而能不逾越權限，不致有「亢」過頭的不當言行舉止發生，才能防範「知進不知退，知存不知亡，知得不知喪」之舉措弊端。

言及此，說明白些，只有聖人（君）才能做到，但隱意中卻有些無奈，爲人「君主」或握有權力者，能看破權力慾望，放下即得利益，有凡幾？故而言：「其唯聖人乎！知進退存亡而不失其正者，其唯聖人乎！」之深層語辭。

「亢龍有悔，盈不可長也。」亢龍之所以有悔，就是亢

過頭惹的禍，導致悔咎連連，此風不可長（亦即不在其位要謀其政的歪風必須改善，使其「不在其位不謀其政」以正風氣、朝綱。）

用九 爻辭 見群龍無首，吉。

自然如何解釋？人又如何達到自然？思維或動作，經過重複演練溶入意識，成了慣性，不自覺地隨習性流露出來，就是人為的自然，習慣成自然就是這個道理。

(一)習性

一位小學徒拜師學技藝習雕刻，他有一點小聰明，動作靈巧，手腳靈活，頗得師父鍾愛。但，他有一樣不好的動作，每次練習完畢總喜歡將雕刻刀往旁邊甩，甩在腳下木塊上頭。

師父一再告誡，這動作很危險，一定要改掉這種習慣，他總不以為意的說：

「這是木塊，又不是人，有什麼關係？」

數年後，出師了，師父一再叮嚀，勢必要他改掉甩刀子

的壞習慣，不然，總有一天，會出大事。

之後，他獨自開業，開業的第一天，第一位顧客上門。他提醒自己一定要小心，邊雕刻邊欣賞自己的手藝，工作完成之後，又不自覺地將手一甩，「嗑」的一聲和「哇」的數聲，刀就挺直地落在顧客的腳下，出事了。

無論做什麼，好習慣越多，失誤愈少，成功機會愈多，發展空間愈大，事業仕途乃至命運，往往取決於習慣養成到自然而然慣性，習性優劣尤關成敗得失關鍵。

「用九：見群龍無首，吉」，用九，慣性至於自然而然，一切源於心的作用剛健以進所成習性，隨性而發自然而然表現出來，無所謂的特定原則為之用，「用九」精神就是如此。

「見群龍無首」看見一群龍，沒有頭頭，意味著什麼呢？凡事要客觀，不能有龍頭老大的觀念，務必在客觀條件自我練習，融會貫通到渾然忘我境界，自然而然亨通趨吉發展。始之初，滲入非客觀的東西，可能造成量變為質變的轉化，如故事中的小學徒，為了好奇好玩，滲入非客觀因素，使得學藝過程中發生質變，而有甩刀子的危險動作，不自覺隨性而出，增添危險變數。（學習雕刻技藝課程裡，無含甩刀子這項在內，乃自我意識介入所使然的慣性結果。）

「用九」精神在於排除爲首或主觀意識滲入，強調凡事以客觀環境爲基礎，精益求精專精至於一，周而復始，不失眞演繹慣性法則和規律到最佳境地，不受特定對象(亦即不受意識形態或除己之外的外力迫使)的限制，隨性發展應用自如，「用九：見群龍無首」精神涵意在於此，往好的方向培養好的習性，自能得到吉的成果，「吉」。

(二) 獨一無二

世界上有類似的萬物，但沒有絕對完全相同的萬物，現在所看到的天，不管是天外有天，在人類認知範圍，天只有一個，天盡其所能，無條件付出，從不要求回報，創造萬物並供給萬物所需，不論萬物對它爲何，它總是默默接受。

天擁有超越人類所能想像的無限智慧，擁有人類永遠挖掘不完的寶藏。對人類而言，天，雖擁有世間一切，但，它從不展現至高無上權威，反而無怨無悔，善盡照顧萬物，這是它的精神所在，「因無私而成其私」之偉大胸襟。

領導者擁有至高的權力，以天爲則效法天的精神，客觀態度善用權力資源，用獨一無二創造能力，創造有利決策，照顧眾人，嘉惠眾人，他將是好的領導者。天雖擁有無上權

力，世間萬物共主，它從不以爲尊，將身段放到最柔軟、最
謙卑，讓所有子民親近它，如稻子稻穗愈多愈飽滿，身子愈
向下彎，愈是柔軟愈謙卑。

　　萬物的善惡，是好或是壞，天，坦然接受，願意包容。
也因爲如此，切莫以爲所作一切，無人知曉，錯了，人在
做，天在看。領導者的想法、作爲，天知道，善惡本有報，
不是不報，是時機未到。同樣的，人，內心的那個天，永遠
張開心眼在看著你我。

　　每個人都擁有一顆獨一無二的內心，那個天，伴終身，
從來沒有以主人自居過，永遠是人類吉之又吉的好朋友、好
伙伴，即便現在一無所有，它還是甘之若飴的陪伴在身邊，
「用九：見群龍無首」的至高精神非它莫屬，不是嗎？

　　願人人好好珍惜那最眞摯獨一無二的朋友吧！也願人人
善用本有「無私心」大公至正，依「元亨利貞」次第及「春
夏秋冬」時序，不執於一點，自然而然面對客觀條件，與時
俱進，周而復始揮灑創造力，造就人生、事業於高峰於不
墜，「吉」。

坤爲地　坤上坤下

第貳卦

坤爲地　坤上坤下

第一章｜卦辭　彖辭

第一節　卦辭

> 坤，元亨，「利牝馬之貞」。君子有攸往，先迷後
> 得主。利西南得朋，東北喪朋，安貞吉。

談坤之前，先談「乾」。乾卦（☰☰）六爻皆陽，純陽
爻；坤卦（☷☷）六爻皆陰，純陰爻，皆「元」之所出。
兩卦是對立的，在太極造分陰、陽兩儀，乾是最大的陽；坤
是最大的陰，歸於太極，亦即「乾」與「坤」是太極造分出
來的兩員麾下大將，基本上是一整體的，兩卦是處在即對立
又統一的狀況，從「矛盾」、「妥協」、「中和」到「統
一」造就事物形成與進行。

乾（☰）是最大的陽；坤（☷）是最大的陰，是太極造

分陰、陽兩儀「陰、陽」動能最大擁有者。因「純陽爻」與「純陰爻」之故，性質上還是有差異，陽：主剛，主進；陰：主柔，主退，「進退」之間而有「先後」之別，「退而求其次」意謂「坤」退居第二線，非「主」而是「從」。因此「乾」與「坤」之間「天尊地卑，乾坤定矣！」「主、從」定位明確，乾爲「主」；「坤」爲「從」。

回歸太極與「乾」、「坤」層面論述較易理解，文辭闡釋再多，還不如以實務、實例來譬喻會來得容易明白。

「太極」似「國家」概念，要建立怎樣的一個國度，要講到「君」、「臣」及「人民」之間的關係，基本上「君」如「乾」的位置；「臣及人民」如「坤」的位置。「君」在其位按照意志創造意象，造就「理想國度」圖騰，實屬自然。因，古之「君」主擁有最大權力，代表的「天」，「奉天承運」爲天的代言人，誰敢冒大不諱，與之抗衡，故而言「君」之行使權力有如「元亨利貞」並不爲過。

「臣子」（坤，爲臣）服從「君主」（乾，爲君主）領導，貫徹「君主」意志實踐任務、使命，「利牝馬之貞」。**牝馬是母馬，牝馬必須服從牡馬（公馬）領導**（亦如臣子服從君主領導）。

牝馬隱喻內涵又是什麼呢？有一種動物，叫牝馬（母

馬），它跟隨在牡馬（公馬）後面。經過篩選的牡馬（公馬），為牝馬之領導，牝馬必須服從牡馬領導，一旦，出現不服從情事，牡馬以踢、咬逼使不受管束的牝馬歸隊。牡馬有善盡保護牝馬天職，牝馬必須遵守服從原則接受牡馬領導。**隱喻坤道以陰從陽，亦如牝馬（母馬）以從牡馬領導則利，則有利於牝馬遊牧各處，不受侵襲，「利牝馬之貞」。**

「君子有攸往，先迷後得主」。「坤」道之君子有所前往，「先迷」先要迷失方向，這是為何？因為不知道要做什麼事之故？話語中有其深層意涵，事情未明朗之前，不宜冒然行動，因非「主」，必須明白「作主」人的心態、意志，才能明確知道己之所能為、該為之事，說得更明白些，上面主子沒有事先表達、表態之前，不宜行動，若是私自揣摩「上意」，自以為是，搶先「主子」之前有所行動，很容易誤判形勢，導致誤入歧途，迷失方向。

凡有「主從」，務必等到「主子」明確表達、表態，心裡有個底、有個遵循的方向，如實知悉「主子」意志表達、表態的意涵。因此，告訴「坤道」君子們，切莫私自作主，喧賓奪主，「主子」有「主子」的盤算，「從」者只要服從「主」子意志，做職分該做的事就行，「君子有攸往，先迷後得主」。

「利西南得朋，東北喪朋，安貞吉」，強調「陰陽」消

長概念，毋須妄自猜測。中國地理四時節氣言之，「天地嚴
凝之氣始于西南，坤是陰，陰之氣息滋長，『陰盛陽衰』，
所以利『坤道』西南得朋」；「天地溫厚之氣始于東北，乾
是陽，陰之氣息消弱，『陽盛陰衰』，所以東北『坤道』喪
朋」。

「天之道」及於「人之道」言之，「天之道」，「陰
陽」消長衍生四季變化之寒、暑有其強弱；及於「人之道」
隨著「陰陽」之盛衰，「乾道、坤道」消長衍生君臣權力變
化之強、弱（君強臣弱亦或君弱臣強），身處其中「坤」道
之君子應如何自處？「安貞吉」。

「安貞吉」，告訴「坤」道之君子，權力移轉如同四季
變化寒、暑有時序，時強、時弱不足爲奇，安於職守做好本
分內的事，莫要輕意押寶誤人生，安身立命保平安，吉之又
吉的好方法，就是「安貞吉」。

第二節　象辭

象曰：至哉坤元，萬物資生，乃順承天。坤厚載物，德
合無疆，含弘光大，品物咸亨。牝馬地類，行地無疆，柔順
利貞，君子攸行。先迷失道，後順得常。西南得朋，乃與類

行。東北喪朋，乃終有慶。安貞之吉，應地无疆。

乾卦：純陽，六爻皆陽爻；坤卦：純陰，六爻皆陰爻，陰陽觀念裡矛盾對立關係最大最尖銳的兩個卦。易經以陰陽觀念解決矛盾、對立，中和陰陽消長化解「對立、矛盾」趨於統一。

「乾元」創造天象、意象的主角，它是所有天象、意象的創始者。創造不能只是為創造而創造，「創造」需要落實，落實需要「實踐」者，「坤元」應用孕育功能落實為「物與實境」生成。因此，「乾元之創造」與「坤元之孕育」縝密銜接得以創生萬物(創生：創造與生成)，「坤元」順承「乾元」意象，孕育生成法則，造就萬物品類生成，「至哉坤元，萬物資生，乃順承天。」

(一) 天知地知

天與地雖無言以對，卻無所不談，心靈相通，盡在不言中，比知己還要知己，「天知地知」。為了「天知地知」這句話，凡間有人向蒼天提問：

「有誰瞭解變化莫測的您？」

天說：「我做的一切，地都知道。」

「真的嗎？我每天看著您，都看不出所以然，是不是有什麼秘密？」

天回答：「天大秘密地都知道，一切攤在世上，根本沒有秘密。原本你們都知道，因為心智被矇蔽，愈來愈不知，才有秘密的揣測。」

「大地真知道您老天爺做的一切？」人詫異看著蒼天。

「許久之前人類有位智者，孔子，講得很明白，『至哉坤元，萬物資生，乃順承天』大地至誠順從我的意志，不厭倦與我心靈相通，且對我誓之以至誠，竭盡心力對我效忠，孕育萬物生成，順承我的意志，落實任務，沒有任何秘密保留。」

「好深奧，能夠再詳加解釋嗎？」

「大地總以至誠態度，聆聽教義，知物之始末，明事之終始，順承我的意志，孕育它的作法，我擁有創造本能，它擁有孕育功能，相輔相成發揚光大，而有萬有、萬物生成，萬紫千紅的品物，亨行於世上，『含弘光大，品物咸亨』。」

　　那人，似有所悟，至誠成就彼此默契。大地順著老天爺教旨，無悔無怨無私「包容與接納」，就這樣，老天爺與大地達成認知與共識，天大秘密就不是秘密。老天爺信任大地所做，大地服從天之付託，坤以至誠，承天啓下，大公無私，相敬以對，不分彼此，沒有秘密，也無須秘密，一切「天知地知。」

（二） 地大物博

　　那個人，沉思一會兒，忍不住又問道：

　　「老天爺您能告訴我，大地是怎麼做到地大物博的成就。」老天爺微笑的說：

　　「智者孔子，講得很明白：『坤厚載物，德合無疆，含弘光大，品物咸亨。』」

　　「這句話裡又講些什麼？能告訴我嗎？」

　　「大地，不分晝夜孕育，厚植實力，廣闊胸襟包容一切，修得高深德行，紮下深厚根基以承載萬物，『坤厚載物』。」

那人似懂非懂的思索著，接著老天爺又說道：

「大地是何形狀？」

「像圓球的形態」

老天爺用手一畫，畫出圓圈圈，說道：

「從這一點出發，走了一圈回到原點，這是圓的概念，周而復始圓融始末，在這圓圈圈內，任一時、空循環來回無縫接軌，這是圓周概念。」接著又說道：

「我的心中有它的一端，它的心中有我的一端，無縫接軌造就『兩大無猜』圓周概念，促使『健與順』兩大德性的合作無間，而能无有時、空疆界進行『創造與孕育』功能，創造生成萬有、萬象，『德合無疆』義理是也。」

我（指老天爺）不時的對大地召喚，說：

「你過來，我過去，讓你瞭解我的想法，我呢！體認你的做法。」

「大地與我心連心，心靈契合，我（乾）創造，它

（坤）孕育。大地如圓周一般圓融我予它的一切至理，從一而終，信任我，至誠發揚光大我（乾）的教旨，『含弘光大』義理，以為世下天下大道之用。萬物在它（坤）的庇蔭下孕育生成，任萬物隨性延續茁壯發展，亨通到如今，「品物咸亨。』義理是也。」

（三）牝馬與牡馬

　　有一種動物，叫牝馬（母馬），它跟隨在牡馬（公馬）後面。牡馬經過篩選為馬群之領導，有一定數量牝馬跟隨（用現在的術語為任務編組）。牡馬除了配種外（俗稱種馬），尚有一項任務，約束馬隊的行動，管理牝馬的活動，不論任何處所，牝馬必須服膺牡馬的領導，若有不服從情事，踢、咬懲處不受管束的馬歸隊，以防止牝馬脫隊。馬群受到不明侵襲時，牡馬隨即負起保護天職，驅趕侵襲者，牝馬則以柔順從態度，服從牡馬的領導，无有疆域遊牧原野，「牝馬地類，行地无疆」。

　　老師與學生，老師善盡教育與管束之天職，若是學生違背教育宗旨，則以校規予以懲處，適時予以導正，逼使脫軌學生回歸體制，如牝馬服從牡馬領導，學生柔順服從老師教導。「學生之於老師」、「牝馬之於牡馬」及「坤道之於乾道」，君子觀此精神，堅守「柔順」之正道，行所當行、從所當從，

用之於社會，造福人群，「柔順利貞，君子攸行。」。

　　牝馬與牡馬強調一件事情，選擇的重要性。選擇人生標的，一旦，選擇的對象，尊重其主、服膺指導，順從它的意志，信其言，忠其事，絕無異心，主從一同奔馳疆場。

　　對的選擇讓人獲益不淺；錯的選擇讓人坎坷難行。選擇善的對象為跟隨之主，順從主之意志為服膺最高指導原則，「主從分明」不踰越各自權責職分，不致亂了法統秩序，造成喧賓奪主的禍源。

　　沿古至今，下犯上、臣子犯君王、兒子犯父母，皆是主從不明之故，促使喧賓奪主的結果。「柔順」必須有所本以「利貞」。君子有所實踐、行動之時，「有所本、有依據、有法源」權限內，服從「主」之意志，遵守、把持原則，貫徹「主」所託付之任務，「柔順利貞，君子攸行。」

(四)停、看、聽與大智若愚

　　失去的終將回復，暫時的不得志，因路線之爭之故，心生雜念，擾亂心志，暫且沉靜心思，心靜則清，心清則靈，靈通觀念，辨明所為之道，終將回復軌道正常運行，「先迷失道，後順得常」。

　　某文化事業營業部，經營不盡人意，公司也接到營業部基層幹部的投訴。該營業部主管，年事已大又值退休在即，某些人員在業務交接之際，不聽指示也不服從指派，甚或借故摸魚，士氣與營運雙雙降到谷底。

　　長期以來，該部門的人事運作不盡人意，造成工作分配不均由來已久，亦是業務績效下滑主因。因此，公司提前調派新主管以取代舊主管的職務，希望儘速整頓業務，重整人事，讓公司營運早點步入常軌。

　　剛開始，新主管毫無作為，每天只是跟同仁們見個面、點個頭。他整天待在辦公室裡，由內往外看，從來不曾訓話，也難得踏出辦公室的門，讓那些摸魚的人愈來愈猖獗，也讓那些努力的人摸不著頭緒，兩方都有同樣的想法。

　　「真糟糕，什麼都不做，整天看報喝茶，比以前的主管還糟糕。」

　　日子一天天過去，摸魚的人愈來愈膽大妄為，努力工作的人漸感失望，實乃「先迷失道」之故，「以靜制動」觀察再說。嘿，新主管卻在最低迷之時，採取迅雷不及掩耳的措施，將努力者晉級升職，摸魚份子降職資遣。下手之快，跟半年前的他，判若兩人。經過一段時間整頓之後，公司績效

節節高升，順利回復好的方面發展，「後順得常」是也。

　　唯有大智若愚的人，能在不明狀態下，觀察大勢所趨，雖處「先迷失道」之中，卻能在「停、看、聽」觀察期間，從迷失中找到正軌之途，得以回歸正常運行、運作，「後順得常」。

（五）得朋與喪朋

　　「西南得朋，乃與類行。東北喪朋，乃終有慶。」西南與東北是不同的兩個方位，且是背道而馳，一個得到朋友，有伴同行，其樂融融；一個喪失朋友，失彼獨行，終有吉慶。文辭裡似無連貫亦不通，套一句話，無厘頭。易經諸如此類的文辭多不勝數，解讀時，真的會讀不下去。易經就是這樣，要懂得變通，碰到問題或瓶頸無路可走，窮了，就要變，但不要辯，窮則變，變則通。

　　「西南得朋，乃與類行。東北喪朋，乃終有慶。」

　　後天八卦：坤的方位在西南；乾的方位在東北。「西南或東北」指引的是方向(陰、陽消長的方向，乃古時，根據中原地區地理環境為依據)，何以言之？

　　天地嚴凝之氣始于「西南」，坤之方位，陰方，陰氣漸

長，故而言：「西南得朋，乃與類行。」（意味小人之道
長，利於小人，物以類聚，而有乃與類行）。

天地之地溫厚之氣始于東北，乾之方位，陽方，陽氣漸
長則陰氣漸消，故而言，「東北喪朋，乃終有慶。」（意味
君子之道長，而小人之道退，而有乃終有慶）。

「西南得朋，乃與類行。東北喪朋，乃終有慶。」總體
言之，乃「坤卦」面臨小人之道與君子之道之選擇。

身處「坤卦」（▆▆ ▆▆）皆陰爻，欲就小人之道，輕而易
舉可以獲得很多朋友，亦如坤為臣，臣與臣親比結黨，「西
南得朋，乃與類行」，僅止於臣道間的關係，「主從」難
分。

欲就君子之道，則須從其主，事其君，「君臣」利害與
共，捨其臣僚（亦如不以私自團體利益為考量，而以整體社
會或國家利益為考量），忠其君（或國家）為其主，乃國家
之幸也，「東北喪朋，乃終有慶。」

「西南得朋，乃與類行。東北喪朋，乃終有慶。」指的
是「坤」卦選擇「道」之方向（小人之道與君子之道），順
著指引方向運作（西南、東北方向隱喻陰陽消長之得失、興
衰），可能發生之狀況，為之道同或道不同，如此而已。

「得朋」與「喪朋」往往在一念之間的捨與得，觀念契合，心靈堅持，知心爲上，而有「德合」（乾坤德合）朋比與之同行。

（六）迷，師度；悟，自度。

　　離鄉背景的兩位好友，相約出外創業，過了數年都有不錯的發展。其中一位適逢景氣低潮期，業績一直往下滑落，眼看就要掉到谷底，好友好意的想拉他一把。可，自尊心的驅使讓他拉不下顏面，委婉拒絕支助。之後，事業跌到谷底，一直不見好轉，經不住好友從旁再三勸說，好不容易放下心裡的堅持，接受友人援助渡過難關。

　　初，爲了面子問題，口裡雖說沒問題，事實上不盡然，友人瞭解他不予計較。過了一段時間，嚴重威脅到事業生計，逼使他不得不卸下面具，放下身段請求幫忙。朋友安慰著說，面子失去的可以重來，可，事業垮了，難以收拾。

　　面子誰不愛，愛也要看時候，遇到困難求助於人，非可恥之事。本來，陰陽消長有盛衰期，亦如景氣循環有高低，孰是主與從，又何須計較？改變一下愛面子的觀念，放下身段，用謙和的心、柔順的態度，與人磋商，重新擬定路線，找回企業回春方案，回歸正常營運，渡過危機，尊嚴自然回

復。

「東北」與「西南」是兩個背道而馳的方向，具有「得失、盛衰、消長」多層意涵，一則是放下不必要的成見，正視事實衍化「得失、盛衰、消長」，從陰陽概念之「得失、盛衰、消長」發展，客觀獲得理念蛻變空間。

之所以有「迷失」產生，乃違背客觀環境，誤判事實，導致的結果，亦是促成主觀意識與客觀條件產生對立、矛盾的成因。若能去除主觀成見（先入為主觀念），趨向客觀分析，瞭解陰陽之間衍化的「進退」之道，以對事物之「得失、盛衰、消長」循環周期，檢討改善，對整體事件發展是有利的，當然值得慶賀，「東北喪朋，乃終有慶。」

先迷失道，迷途知返亡羊補牢，回歸正確軌道，尤未晚矣！自立自強力圖振作，尋求良師益友協助，「西南得朋，乃與類行。」一時可以，上了軌道，必須自立自強，精益求精（指東北喪朋，乃終有慶，進而乾坤德合，坤從乾主，更上一層樓），不致辜負朋友幫助的美意，所謂「迷，師度；悟，自度。」

（七）安貞之吉，應地无疆。

坤道之所以爲坤道，不變應萬變，貞守「心中道」，亦如「牝馬之於牡馬」的（1）「主、從」關係（2）「不爲之先（不爲人先）」至理（3）「利西南得朋，東北喪朋」陰陽消長的「進退」之道。

擇其「主」安守「從」之地位，服膺「主」之領導；不爲人先以防「喧賓奪主」；陰陽消長的「進退」之道，堅守「坤」道職分，不隨陰陽消長之「得失、盛衰」搖擺「坤」道應盡職責，一切依法行政。

總結「坤」道屬陰，「主柔、主退、主靜」。貞此「主柔：柔順以從；主退：不爲人先；主靜：以不變應萬變」之原則，通權達變，不變應萬變，不受世俗影響，不爲外界撼動，心安理得，實物就地，應用至理，一體適用，「安貞之吉，應地无疆」。

第二章｜**大象辭**

象曰：地勢坤，君子以厚德載物。

孔子文言傳有云：「坤至柔而動也剛，至靜而德方，後得主而有常，含萬物而化光。坤道其順乎，承天而時行。」

「坤卦」（☷☷）六爻皆陰爻，至柔，動起來卻是剛強，（水，看似柔弱，向下奔馳，卻是剛強無比。）坤雖寂靜無聲，卻有強大孕育力量，「乾坤合德」得其「主」（指乾）正常運行孕育功能，含弘萬物發展運動以至於光大，「坤至柔而動也剛，至靜而德方，後得主而有常，含萬物而化光」。

「坤道其順乎，承天而時行。」坤之德性：順，順從天，與天「德合」承上啓下，上下一心，承天之四時運行，無有疆界（无疆），造就萬物生成，順從天意，深耕厚德，承載萬物。

坤為地（☷☷），內外皆是坤。坤，「承上」順從天的意志，「啓下」以「無私大公」深耕德行，孕育萬物，承載萬物，「厚德載物」。君子以厚德載物精神，進德修業孕

育其德，含蓋天下事物，從其主運籌帷幄，以至於光大揚名立萬，「後得主而有常，含萬物而化光」。厚其德以致用，「用」，彌之於六合，「至柔而動也剛」；「不用」，舍之行藏於內，「至靜而德方」。

(一)地理疑雲

「迷信與正信」僅一線之隔，地理疑雲在人云亦云，留下一些不可言語的迷團，信者恆信，不信者尤然不信，如人飲水，冷暖自知。歷來，君王及公、侯、將、相，不論地理風水多好，不敵時代蛻變，改朝換代、江山易主，不勝凡舉。

話說一奇人，名震江湖的地理師，所行之處、所閱之地，無處不發，但，偏在一處所，看走了眼。原來，他只看富貴人家，專為有錢人家服務。

在此，數十年前，有戶人家，有錢有勢，萬貫家財的富貴家族，請得起名震江湖的地理師勘察地理。地理師接獲邀約，如期赴約，天氣酷熱連日趕路，翻山越嶺，四處無人，好不容易到了一戶人家，得以歇腳，家裡只有一位老婦人應門，向她求取一杯涼茶以解渴。

誰知，老婦人誠意端出大碗涼茶，將米糠灑在碗中，嘴

巴好渴的地理師，心想，只是向妳要一杯涼茶，竟然，如此整人。只好邊吹邊喝，喝完這碗涼茶，老婦人知曉他是有名的地理師，尊敬的向他行禮，並訴說家道衰落的苦處，希望地理師指點迷津，讓家裡後代，有好的出路。

地理師看巒頭地勢，剛巧，後山有五個坑洞，指明其中一處，由於天色漸黑，垂暮之色漸起，老婦人往指定方向走去，喝的一聲，四、五條白色影子朝坑洞處奔馳，嚇得地理師趕忙下山，並將山上所見怪事，到處述說傳遍各地。

從此，宵小之徒不敢獨自上山盜竊，生怕見鬼，從此山產無人盜竊，因而改善老婦人一家人的經濟，數十年後，子孫有在朝為官，也有事業成就的企業家。

受人點滴的老婦人，感恩當年指點迷津的地理師，特地，邀請他上山，準備一份大禮酬謝。話說，地理師遇到怪事之後，事業是每下愈況，幾近消聲匿跡。

到了目地的，看到老婦人，想起了當年情景，不由得好奇地向她問起，當年，一杯茶的事由。老婦人告訴他，炎熱趕路必定口渴，涼茶在手猛然喝，必然傷身，才將米糠放置在碗的上面，聽此一說，地理師好生慚愧。

地理師原以為老婦人不安好心，為了報復，隨手指了一

片俗稱的五鬼地理。話說那時，老婦人唯一兒子與媳婦，爲了防止宵小盜取作物，四處巡山，不幸遭逢山難，遺留五個孩子給弱小的老母，也就是當年，地理師所看到的白色影子，也因爲繪聲繪影造成宵小卻步，因禍得福，使其不受盜竊之苦，而有了好豐收，改善經濟能力，有多餘的錢扶養、培育子孫，五鬼絕地反而成就五小龍的好福地。

福地福人居，有德者居之，地理好、壞，善心經營，心存善念，用心運作，終能結成善的果實。故事中，老婦人從地理師指點，得到希望之源，不論「地理」之好與壞，其中，最重要的是老婦人，堅定她的信念，以「君子以厚德載物」精神，培育子孫，深耕成材，個個子孫日後都有所成就。

第三章｜爻辭、小象辭

🌓 第一爻｜爻辭　初六：履霜堅冰至。

　　坤卦（██ ██），「初六」陰爻居陰位，與「六四」無有對應，有「自求以順」求得先見之明，故而有「履霜堅冰至」之爻辭。「陰陽」氣息消長而言，爲陽氣轉爲陰氣之初，謂之「霜降」。

　　下雪之前有一徵兆，結霜，霜降後，天氣變冷而後下雪結冰，是天候的自然現象。爻辭借此現象告訴世人，事情發生前有其前兆，按照前兆發展得以預測未來發展趨勢與結果，但，當事者，必須具備足夠能量與知識（自求以順的條件），否則，預測未來僅是一個謎，不可得的天方夜譚。

　　事出必有因，追根究底溯根源，順理成章爲之法，依法研擬因應措施，控制在所能控管範圍之內，這是履霜堅冰至精神意涵的第（一）層意義。

　　認清事實的可能性，客觀條件爲依，做好防範措施，防止紊亂局面發生，這是履霜堅冰至精神意涵的第（二）層意義。

　　選定目標，內外考量彼、己消長情勢，制定計畫，完善前置作業，演繹發展過程，迎接未來的挑戰。腳踏到的霜，知道天氣變冷了，下雪後，終至成冰，知其所以然，以利全盤佈局，如兵法所云：「知己知彼，百戰不殆。」，這是履霜堅冰至精神意涵的第（三）層意義。

　　事物運作之初，不憑空想像（初六與六四無有對應之故），不自以為是，不模糊焦點，宜追究因由，深思對策，做好防範措施，將風險降低，「利人利己」利基為出發點，進德修業孕育成功要件，「知其所以然」（求得先見之明），完善前置作業，營造「知己知彼，百戰不殆」操之在我的能量，才是安身立命，走向康莊大道的法門。

(一)知其所以然

　　數年未曾謀面的兩位好友，偶遇之時，相約某天在小湖濱旁敘舊閒聊享受釣魚的樂趣。

　　到了湖邊，兩人放下釣竿，悠閒自在的釣魚敘舊，過了片刻時光，對岸有人招手吶喊：

　　「喂！老兄呀，請你過來一下，好嗎？」

那位老兄急忙脫了鞋子，往旁邊約數公尺走去，以為他要游泳到對岸去。結果，令人吃了一驚，只聽到：

「蹬！蹬！蹬！‥‥‥」他飛快地從湖濱水面上奔馳到對岸。

「不會吧！怎麼不知道世上還有這門功夫，還得了，非得拜師不可」友人心想。

「蹬！蹬！蹬！‥‥‥」他又從湖面上走了回來。

「哇，好厲害，能不能教我。」

「哎呀，這不是什麼功夫，只不過是跑步罷了，只要留意水面下的東西，你也可以做到。」

話說到一半，對岸又有聲音傳來，他又急忙的奔跑過去。這次，讓友人再度開了眼界。好戲還在後頭，又有人在那個位置，脫了鞋子，展開雙手，左右各提一隻鞋子，眼睛往湖面水下看，小心在水面上行走，友人心想：

「莫非這裡的人，都有一身好功夫。」好奇心的驅使，不由得向這位仁兄大聲問起：

「你不怕掉下去嗎？」

「湖面下的東西看好，就不會有事的，你也可以做到，沒啥稀奇。」

「好吧！大家都這麼說，不妨試試，只要專心湖面下的東西到渾然忘我境界，應該能夠身輕如燕飄到對岸去吧！」

只聽到「噗咚」一聲，接著「咕嚕」數聲，忽然，有人大喊：

「救命呀！救命呀！」聽到救命聲，友人飛快跳下湖將他拉到湖邊，問他：

「你怎麼會掉到水裡？」

「我看有人在湖面走過去，像有輕功似的，剛才也有人跟我說，只要留意水面下的東西，就照著做，慧根這麼低的我，沒想到還沒學會，就掉下去了。」

「唉，世上的輕功，沒看過，糊塗蟲倒不少，來，帶你看一樣東西。」

「湖裡有一座沒有欄杆的木橋，看到沒？由於近日下雨連連，剛好淹到橋面一點點，不是本地人，還不曉得這裡有一座木橋呢？」

「現在你知道了吧！」

凡事先要弄清楚狀況，瞭解事情脈絡，不致渾然不知，栽了下去，相當危險。因此，事情不知原委，切不可倉促做決定，就像故事裡的仁兄，沒弄清楚怎麼回事，輕率行動，

莫明其妙就掉進湖裡，不是很危險嗎？

　　腳踏到的霜，卻不知道天氣要變冷了，是不知不覺者。知其下霜變冷後接著要下雪，持續發展終邀成冰，是先知先覺者。事情發生之後，雖不知事由為何？不恥下問後知其所以然，後知後覺亦可亡羊補牢，孺子尚可教也！

　　事之初，從細微跡象仔細推敲，總有端倪，現象的發生，不會是偶然，它是一點一滴累積堆砌而成。不要以為，事小無所謂，平時不燒香，臨時抱佛腳，事到臨頭遭滅頂，就來不及了。事之將至，寧可花點時間，省思事由，弄清原委，知其所以然，做好事前準備，有備無患而能臨危不亂。

　　腳底下踏到霜，知霜降之後，冰之將至，「履霜堅冰至」。告之，知其所以然，慎於物之始規畫事宜，儲備能量加強預判能力，演繹事物發展過程止於完善。

(二)縱容的代價

　　父母之於子女的愛，為了子女的好，太過坦護、溺愛易生弊端。

　　家有一子的夫妻，過於寵愛小孩變成了溺愛，年紀僅有

八歲大的小孩，卻喜歡與人爭強鬥狠，父母親從不以為意，也不出面阻止，惡小放縱、過小不察，總認為錯，都是別人的錯，從不自我反省。每回與人發生口角、衝突，父母都代他出頭幫腔，如此縱容孩子，讓隔壁鄰居看到只有搖頭。

　　某一天，夫妻帶著孩子參加赴宴，庭院裡有年齡相仿的孩童們在玩遊戲，他也參加活動，玩到興起時，一本常態的習性油然而起，跟其他孩童起衝突，吵著、吵著就打起架來，三、四孩童圍毆一個小孩，小孩被打得奄奄一息，接著，有人通報說，有一個小孩，被打得不醒人事，現躺在院子裡，那對夫妻竟然異口同聲回答說：

　　「那個小孩，不是我家孩子，我家孩子乖巧的很。」

　　其他赴宴的父母們，趕緊跑到外面察看，深恐孩子受到傷害，唯獨，這對溺愛小孩的父母，壓根兒，沒踏出一步，可笑又可恨的事，就這樣發生。

　　直到，宴席開始，久等，未見孩子，才跨出門庭察看，一看，可不得了，一位小朋友，動也不動的躺在地上，再上前一看，差點昏倒，原來那個小孩竟然是‧‧‧，顧不得宴席，趕忙將孩子送醫。

　　「善小而不為，惡小而為之」，善小、惡小積久必成大

善、大惡。子女的養成教育好壞，非一朝一夕之故，其所由來者漸矣，由辯之不早辯也，不可不戒慎恐懼。

凡事，如履薄冰，見微知末看待事物，杜絕縱容「善小而不爲，惡小而爲之」，以防憾事造成。「趨吉避凶」，往往就在見微知末的自求，贏得命運之神的青睞，知其所然順「履霜」到「堅冰至」過程，規畫人生、事業的前置作業，如此，何愁人生事業不能蒸蒸日上。（要件，自求以順，進德修業求得先見之明）。

第一爻　小象辭　象曰：履霜堅冰，陰始凝也。馴致其道，至堅冰也。

積善之家，必有餘慶；積不善之家，必有餘殃。臣弒其君，子弒其父，非一朝一夕之故，其所由來者漸矣，由辯之不早辯也。易曰：履霜堅冰至，蓋言順也。

(一)小惡不防，終成災禍

積善之家，必有餘慶；積不善之家，必有餘殃。善、惡的形成是長期經營點滴累積漸成，而有「吉凶禍福」命運到來，「履霜堅冰」道理亦復如是之理。

　　歷史上弒君、弒父情事絕非一朝一夕所造成，皆由初期不正之心漸次而來，只因國君或爲人父，不察或放縱，未能及時制止，衍生事端、禍源瀕臨，乃長期包藏禍心累積結果。

　　水有源頭，事有徵兆，見微知著，探究根源，觀察事物本源，防患惡因於前，導之以正，始得制止大惡之生。惡因來時，切不可大而化之，惡小不察、過小放縱，導致小而不顧，積非成是，成了慣性，養成禍害，緊追在後，就是大惡、大禍臨頭，悔之晚矣！

　　事情發展，由小至大，幽暗到顯明，隨即成了習性，就像腳踏到霜，很快就看到冰，終成禍亂之源，「履霜堅冰至」。惡之初（陰始凝也）不加詳察、不求改善養成習慣（馴致其道），順著惡習發展必成大惡（至堅冰也。）禍端蹦的出來就難以防患。

　　養成好的思考習慣，自我反省是形成良善意識的根基，亦是決心不受左右的支柱。時刻省思除去不良習性，前往成功道路，愈來愈順利，愈來愈坦蕩，這才是根治惡習的最佳途徑，易曰：「履霜堅冰至，蓋言順也。」

第二爻｜ 爻辭　六二：直方大，不習无不利。

　　坤卦（☷☷），「六二」陰爻居陰位，居下卦之中，得正位又得中，與上「六五」無有對應（陰爻對陰爻），不偏不倚謂之「中」，因正「中」無有歪曲，謂之「直」。然，其中隱涵一個重點，「六二」與上「六五」雖無有對應，但「六五」卻是「六二」的主。無論，為何「六二」盡其所能，順「六五」之意志遂成其志向，達成「六五」付託之任務，徹底貫徹實踐任務，以「臣」道事其「君」道之成。

　　「直」者以赤誠之心面對「六五」之意志創造；「方」者全面性根據「六五」之意志擬定方略，孕育法則之生；「大」而化之為通則之用（制度、規範等等）。謹守「臣」道與「君道」之分際，做好「臣」道本分，至於「君」道非「六二」之本分，莫要踰越權限，不習「君」道亦无不利「不習无不利。」（強調「臣是臣，君是君」，各自謹守本分職其司，不致「君臣」不分，亦即「坤道」有「坤道」職司，莫要踰越「乾道」之能）。

　　「直、方、大」的概念，亦如數學「點、線、面」觀念。任兩點連接則成一線為「直線」，漸次發展而成「方」，多之方以成「面」，無限延展至無限大。

「六二」是坤卦卦主，因「直」以從主（坤，乃順承天），得以承天之志行孕育功能以成「方」，無限延展得以成其大，盈萬物於天地之間。

「直、方、大」強調「坤道」，順天意以承道。乾道具創造功能，天（乾）創造予地之物，坤順從天（乾）創造之物，「直、方、大」孕育生成法則，孕育萬物之生，「盈天地者，唯萬物。」

「直、方、大」強調坤順承天，出自以「直」（至誠），全「方」位遵從乾（天）道所創造的一切物，運用本具孕育功能，「大」而化之，為萬物生成法則之用。

(一)坤道「不習无不利」說些什麼呢？

它說的是心態，「坤道」順承天的心理狀態，正直「無私心」，心之「本來」是創生萬物所有的源，「乾元或者坤元」是也，「習」或「不習」，不見得少、不見得多，都源自於「本來」創生（創造與生成）。

「本來」（指元）大小、多少無從計量，是一切的「元」，天之元、地之元、人之元是萬物之「元」，是一切的開始亦是萬物的生成，「孕育中有創造，創造中有孕

育」，創造孕育從「本來」的「點」，自然而然地從「直、方、大」展延活動，周流世間無所不在。

返樸歸眞的「不習无不利」，就是自然本具功能，沒有人爲造化痕跡，隨「主」（時空）變化，順「主」（時空）以從，自然反應、對應，無有刻意造作，兩點（或兩者）往來活動，就是「直」；直來直往，來去自如，有的第三的出現（人、事或論點）成就範圍之生（面、規矩、規範等），就是「方」（故而有方面之言）；由此方到彼方漸次發展而能成其「大」。

「本來」面目（指元）無善惡，始於一點由「直、方到大」發展成就人生事業。每個人都擁有一顆「不習无不利」的「本來」。

求人不如求己，求的就是「本來」。凡有，直指本來眞心本性，因「直」而眞，因眞求得「方」圓規矩以成「大」，大而化之於天邊無邊無際，遨遊於大地（或爲心海宇宙）無疆無界，隨性發展穿越時空任由奔馳，「直方大，不習无不利」是也。

「本來」本具創造功能（乾元）、孕育功能（坤元），從無到有「物」之創生，再從「物」（有的狀態）生成之理，大而化之爲「智慧、智能」（無的狀態）。

「不習无不利」是「本來」自然本能，這門學問不需外求，想要創造就給創造力量，想要孕育就給孕育力量，無人可取也無由可代，是每人獨一無二與生俱來本能，用之不見其多，不用亦不見其少，習之不見其利，不習亦無不利，完成之後，終須回歸「本來」面目。「不習無不利」強調「原始反終周而復始」概念。

第二爻　小象辭　象曰：六二之動，直以方也。不習无不利，地道光也。

「六二」之動，「六二」爲坤卦卦主，「坤道」展露順德的孕育之功，鼓動萬物生機，順承天(天者可爲思想、觀念、事物或其他爲之主體謂之)之意志，出於無私心（不偏不倚眞心以對謂之正直，無私心是也）效忠「天之意志」，從「天之意志」所創造的一切，如實孕育一切生成法則，「直以方也」（方者：爲範圍、法則、規律等等）。

坤道之「不習无不利」，「不習无不利」按字面的解釋爲不用學習也不會有什麼不利的事情，不通就是不通。

「不習无不利」強調「六二」之動的心態，強調「主從」關係，「坤」爲從順承「乾」爲主的意志，說明白一

點，「主是主，從是從」「主從分明」不踰越各自權責職分，做各自該做的事，守各自該盡的職責，不致亂的法統秩序，「君是君，臣是臣」。

為臣者不需要學習如何做個「君主」，只要在其位謀其政，順承「君主」旨意，不違乎旨意的大原則之下，就不會有不利的事情發生，不致造成喧賓奪主惹來禍源。

沿古至今，「下犯上、臣子犯君王、兒子犯父母」皆主從不明之故，身處「坤」道君子，妄自揣模亦或踰越權限干涉君權所致。因此，「不習无不利」強調莫可「喧賓奪主」，做好「坤道」君子所應為、該為的事，展現「人臣或從者」效忠於「主」光明磊落的一面，為世人所稱頌，「地道光也」。

🉑 第三爻│　爻辭　六三：含章可貞，或從王事，无成有終。

坤卦（☷☷），「六三」，陰爻居陽位，不得正位，意味的是什麼呢？身居其位(然不得正位)下欲獲得人心，上欲得主信任，「含章可貞」可為「進退之道」依循。

「留得青山在，不怕沒柴燒」，一時，懷才不遇不代表不行，也許是擇人不對，亦或時機問題。擁有眞材實學的人，毋須感嘆不受重用，留得才能在，自有留人處，「良才選主而事，良禽擇木而棲」，未找到合意主子之前，寧懷才等待機緣，不急一時，天地尙有四時更替，境遇有高低、起伏，機會永在時空中孕育，得勢則順勢爲之，失勢則等待機會，機會是留給進取者的禮物。

擁有才能，「對的地方用之，不對之處保留」。昔之三國，諸葛孔明，雖有滿腹經綸足以濟世，寧過閒雲野鶴的日子，也不願在不當時機顯露才華。時機一到，遇到明主，劉備，激起他的熱情，掀起他的雄心壯志，彼此間擦出共鳴火花，諸葛孔明拋出他的眞心，襄助劉備，運籌帷幄，始終秉承「謙恭事主，有功不居」歸功於主，定家園，平天下，成就三國鼎立的歷史定位。

諸葛孔明以「成功不必在己，有功不居」襟懷氣度，承上啓下服膺事主，上得主子信服，下得部屬擁戴，獲得「主子信任、衆人擁戴」得以實踐抱負，「含章可貞，或從王事，无成有終。」

內涵充實又能堅持原則的人(如諸葛孔明)，心有定見，處事不煩躁，待人無怨尤，事事擇機，伺機而動，「含章可貞」(成功不必在己，有功不居)。因此，崇高理想，除具備

學問與才能，尚須兼備當仁不讓，有功不居的氣度，才有資格談「貞」字，否則空有自認的「含章」難能掌握「可貞」真諦。

「貞」須建立在充實內涵基礎之上，知其形勢之「可為與不可為」之「利益與弊害」權衡，在於內充之「懂」而知之。心中一把尺，因「懂」知其能力多寡、強弱，為之「利益與弊害」進退依據，從「懂」的允許範圍，綜觀世局大勢，得「貞」守（心中道、心中物）即定原則，洞澈事物演變形態，控制事物流程，絕不在無所依據，似是而非，隨意作為，否則，出了漏子，發生變故，必成時代洪流吞噬的對象，成了似懂非懂的犧牲品。

「含章可貞」基本要義務從「懂」的意涵中，深化所能，掌握「進退」之道，作為行事原則之依，利於實踐變通之應用。

「坤道」君子，雖有滿腹經綸，遭逢事不明，不做第一，靜觀其變，另則，客隨主便，寧屈居第二，不為苦，真心追隨事主，小心行事，抱持「成功不必在我」，不為物擾、不為事煩，為應為之事，持之以恆，達成託付任務的圓滿，何須計較功勞屬誰，「或從王事，无成有終」。事有所成，成功非我亦是我，一切歸天所賜，又有何妨？

（一）含吐之間

「含章可貞」是一門修養，包含「容與忍」藝術。富貴人家出生的子女，社會常用一句話形容他們，含「金湯匙」的富貴子弟。如果，眞的含「金湯匙」給予掌聲，不因家庭富貴而自傲，含在肚裡不刻意彰顯富貴氣息，謙順忍讓之德行，給予嘉許稱讚，不是嗎？

深恐別人不知道己是含「金湯匙」的富貴子弟，到處宣揚出身處所，一點都不謙虛，鬧得沸騰風雲，那是「吐」不是「含」。一個富而不貴的子弟，充斥著金迷紙醉氣味，失去吞吐氣度，傲慢心態由是生，何來「貞」可言？

「含著眼淚帶著微笑」欲言又止的情境，只可意會不可言傳的感動，遠超過一陣狂笑的喜悅，「含」的藝術讓人領會「吞」的好處，吞下學問源泉，滋養知識；吞下待人處事道理，增進與人和合相處，「吞」而能「含」展現謙讓氣度，是不可多得的貴氣。

「含」金湯匙讓人免於受物質匱乏牽縛，騰出更多心力求取精神昇華，「含」文章經綸讓人免於受知識匱乏束縛，騰出更多才華貢獻世人，「含」是修身養性最佳滋養物，用於大事，能將善惡兩端含於其中，「含」而無怨無悔，乃英雄智者應有之素養。

　　「含章可貞」可以是原則，也可以是選項，忍讓化解紛爭，智慧分辨功過，謙虛柔順凝共識，事有所終，成功不必在我。吞吐之間「有功不居」，是化敵為友、冰釋前嫌的利器，利人為重，成事為要，何須計較功過誰屬，「含章可貞，或從王事，无成有終。」

　　「善有善報，惡有惡報，不是不報，時機未到」，幫人要看對象，謹守「善念」助人為本的原則，做到施恩不居功，過了，就算了，功勞就給上蒼吧！終究做了一件功德。

　　「含」而能內斂，「章」而能謹慎，慎選對象之善，若是對象不對，寧可不幫，幫反是助紂為虐，殘害更多的人。救了一個壞人害了多數的人，還不如不救。幫人也好、救人也罷，若不知對方是好人或壞人，出於悲天憫人的善心，伸以援手則無有對錯，所謂「不知者無罪」。不過，明知對方為人之惡，幫他、救他，讓更多人受傷害，「愚善」之心就不足取。

　　「含章」內涵必須深厚，才有辨別對象「善惡」之能力，為之「貞」或「不貞」的選項，知其「可與不可」為其堅守原則變通應用。因此，「可貞」可以在原則變通之下為選項，知其「可與不可」為其效命依據，「邦有道則仕，邦無道則隱」，就是如此。

才高八斗的能人爲主子完成任務，不刻意宣揚功勞，反而將功勞歸於有功人士，「含在口裡，懷在心裡」，抱持成功不必在我，讓事物圓滿實踐，知恩圖報的受惠者，自會銘記在心，亦是得以善終之最佳良策。太多的歷史見證告訴世人，功高震主，不見得是件好事，雖有成就，邀功自居，不得善終者，不知凡幾？

(二) 有德者得之，千古留名。

守著原則守著心，「原則」有本，心有所依，依據「內涵與能力」深耕程度爲事物、問題「變通」之要件，內涵修養足夠、謙讓氣度夠深，在爭功過程，才能堅持立場，把持「不爲人先」之原則，敢於肩負責任展現有功不居的美德。如果，僅有內涵，不敢承擔責任，永遠跟隨別人身後聽人使喚，這種作爲似乎不足以取，永遠是人家的馬前卒，有順之外在形式，卻沒有順之內在德性。

看似表現落落大方，不合「不爲人先」之內涵，非擔當責任者應有之態度，世上最不聰明的，就是空有抱負和內涵，卻一直躲在他人身後，接受別人庇蔭過活，把事情與責任託付在別人身上，等於將成長力量交給他人，非坤(順)德特性。坤之德：順就是忍得住性子，耐得住寂寞，圓融外

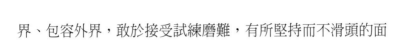

界、包容外界，敢於接受試練磨難，有所堅持而不滑頭的面
對當前所有一切。

擔當責任是累積實力，吸收經驗的機會，參與是為了培
養實力，增加見地，一舉數得的好事，應該珍惜。每一次歷
練，讓人內斂、沉穩，修得良才善識，時機成熟、條件完
備，「含章可貞」權宜變通，將才能吞吐，含著「不為人
先」美德通達行事，「有功不居」胸襟虜獲人心，凝集眾志
力量，減少紛爭、降低抗衡，不致落入強行出頭的話柄。

捲入莫名爭功漩渦，引發爭端，促使紛爭，怨言流竄，
徒生「損己不利人」場面，最可悲莫過於事後推諉，裡子、
面子統統不見。唯本著含著「不為人先」美德，聆聽眾意，
無爭原則為「貞」，包容異同，廣納眾議，圓融事態，化解
歧見，達成任務，有功歸人，對方也樂得開懷。

「謙虛柔順」態度令人軟化而無怨，少個阻力多了助
力。因不爭功，少些敵人機會變多，多些朋友機會增加，增
添成長力量，不但厚植實力，也孕育良好人脈，雖不言成事
之功，卻有完美結局。

凡事，保持「有功不必己居」氣度、「謙恭為懷」不為
人先的修養，則不易樹立敵人。「不為人先」不代表能力不
足、實力不夠，它是謙讓美德，是尊重、是包容的良性修

養，亦是成就傑出人士的基礎。

「含章可貞，或從王事，无成有終。」縱有才能足以承擔重責大任，仍能以「無爭」代替紛爭，「不爭」化解敵意成其大事，雖不爭亦是爭，爭事情圓滿，而不爭功勞，以此吞吐天下事，誰與爭鋒。天下事，事成為要，功歸於人，有過己擔，圓滿事物，何須計較短暫名利，精神的唯一，有德者得之，千古留名。

第三爻　小象辭　象曰：含章可貞，以時發也。或從王事，知光大也。

「陰雖有美含之，以從王事，弗敢成也，地道也，妻道也，臣道也。地道无成而代有終也。」

陰雖含章可貞，從事國家、公家事物，雖有所成，仍秉承「有功不居」襟懷，地道（順承天），妻道（順承夫），臣道（順承君），反映著「天尊地卑，乾坤定矣！」概念。代表著「至哉坤元，萬物資生，乃順承於天」的思維。

「地道无成而代有終也。」言明「地道」无有成，不成問題，只有順承「主」之意志，從其「意志」貫徹、執行的問題。

「成功不必在我」在於「承上啟下」服膺於「主」，上獲主子授權，知「該為與不該為」，謹守分際做好分內事，「含章可貞」；以時待發，「忠人之事，信守承諾」把託付的事情做好，「无成」毋須計較成功誰屬，圓滿任務，順遂達成使命為終極目的、目標，「无成而代有終也。」身為「坤道」者知其本分，從其事盡其責，將「坤道」精神發揚光大，「或從王事，知光大也。」

「含章可貞，以時發也」意涵透露出「選擇」從主的重要性，「代代江山有人出」，非「明主、明君」，寧隱於野「无成」何妨？

一旦，「明主、明君」出現，願在適當時機，顯露才華，「以時發也」終有出頭日，此乃識時務者為俊傑，「或從王事，知光大也」另類註解，亦是破除**「愚忠」**省思的另一闡釋。

「含章可貞」意味「忠人之事，信守承諾」務必謹慎選擇所從對象、時機。「邦有道則仕，邦無道則隱」，「坤道」君子自知之明，來自於「內涵、修養」深厚，完備「履霜堅冰至」才能，知其所以然，「有道與無道」之間選擇「擇其主、離其主」，「行所當行，為所當為」，揮灑才華將「坤道」之精神發揚光大。

🜊 第四爻｜爻辭 六四：括囊， 无咎无譽。

坤卦（▦ ▦），「六四」陰爻居陰位，本屬正位，然上承「六五」陰爻居陽位之君，非正位，又處四之多懼之位，「伴君如伴虎」，更應「謹言愼行」。

水囊囊袋有一個口，裝水後將口綁住封閉，不致溢出造成流失。人有一張口，將聽到、看到裝在心裡，「封口」避而不談，流言不致傳到不必要的人耳裡，造成困擾和傷害。心中一把尺，愼言以行，拿捏尺度，做到不傷人，不樹立敵人，昇華「括囊」爲之藝術，可爲立命安身之保障。

形勢不對，屢次建言無回應，難以施展抱負，智者認爲多留無益，絕不戀棧位置之權勢，隨時打包準備走人，見好就收，避免遭逢難看的臉色，聽到難堪的惡言，徒增煩惱撕裂情感。「括囊」正是予人預留緩衝餘地的窗口，碰到好主子，貢獻能力；遇到不好的主子，急流勇退，懷藏智能，謙恭以退，留個好名聲，往後好做事，「上台靠機會，下台靠智慧。」進退藝術是也。

現今社會職場，言談舉止進退之道，是一門重要又必修的課程。有些人說話講理像射箭一樣，直言不諱，易受排擠。世上，總有不修言辭的人，話語像箭一般射出，鑽到

心坎裡，讓人受不了，傷人還能不改本色，讓人退避三尺，敬而遠之為妙！歷史例證，因耳語繆言被扼殺臣子，不知凡幾？氣氛不好，少些話題，不會錯。能讓人閉口情景，可想而知，氣氛肯定不好到極點。

　　領導階層或是政治人物，在國家社會世道好時，擔當重任貢獻心力，獲得好風評不在話下，但在國家社會無道紛亂，難能使力扭轉世局，又不得授權以對，識時務避而遠之，自行認分捲起包袱，將才能捲起來放在胸懷，不再淌這渾水，不發無謂的牢騷，也不出怨言，保命保平安，等待時機再議。

　　時局腐化無法挽回、無法改變，事實已現，毋須多言，言語批評任它去，小人在側多言易生禍端，不如將才能捲起來，藏在心懷，留得有用身，待機圖謀有用事。「括囊，无咎无譽」，世局有道盡心力「達則兼善天下」；世局無道捲而藏在心懷「窮則獨善其身」。口惠實不惠高調大可不必，沽名釣譽沒啥意義，時代、時機不對，少逞口舌之利，總是好，守口如瓶雖无譽，也沒有損失。

　　「一言以興邦，一言以喪邦」，言語的力量，足以救人亦足以殺人。常言道：「飯可以多吃，話不可以多講。」，飯吃多了頂多身體不舒服；話多了可不一樣，講到不該講或不能講的，輕則遭人白眼反諷數語，重則引來禍端，謹言慎行呀！

(一)謠言止於智者

　　歷史的典故和寓言範例時有所見「謠言」威力，亦如歷史有名孝子：曾子，曾子的孝順舉世皆知，尚也受流言所撼。

　　曾母從左右街坊第一次聽到：

　　「曾子殺人呀！」曾母不相信，心想：

　　「殺人的絕不是我兒子。」不久，又傳來數聲：

　　「曾子殺人呀！曾子殺人呀！」曾母仍不相信心卻有些猶疑，心又想：

　　「是真的嗎？不可能呀！兒子如此孝順，殺人的應該不是我兒子吧！」接二連三傳來相同的話，說道：

　　「曾子真的殺人呀！曾子真的殺人呀！」

　　曾母從堅信到猶疑，動搖心志，最後也相信傳言，急忙將手上東西往旁一放，快速地跑到曾子的工作場所。曾母看到兒子身影，不由得「哇」了一聲，好大。曾子聽到聲音，回頭一看，愣了一下，馬上回過神來，走向母親，問道：

「母親，您怎麼來了，是不是家裡有事？」

「沒有，沒有，只是來看看。」曾母看到兒子之後，才放心地走回家裡。

「括囊」的反面就是話太多，謠言多就很可怕。傳言經過數次重複終成謠言，原非事實，積非成是，久了，就像真的事件，好可怕。社會有人吃虧受騙，就是上了不實謠言的當，雖有疑惑還是相信，讓不肖之徒有機可乘，得逞牟利，謠言止於智者，用理智確認言語來源。

不當言語在非常時期，掀起波瀾威力不可小覷，它的影響力足以帶來殺傷力，尤其在是非多的地方更容易引發謠言，而謠言大部分來自於言語交鋒。因此，防止造謠的法門，封口，縮緊口舌，減少無謂言語，「括囊」法寶就派上用場了。

言多必失，如故事情節，有心人士抓住言語毛病，反覆傳送，造成謠言滿天飛，形成潛在殺傷力，殺人於無形，此時，寧可謹言慎行，防患於未然，免得被波及受到無謂傷害，少說一句話，也不會有什麼損失，「括囊」封口令穩住謠言亂飛，雖不能讓人得到什麼，最起碼不受中傷，「无咎无譽」又何妨？

(二)說謊的代價

頑皮的小孩，在山上待久了，覺得無聊，爲了引人注意找個樂子打發時間。

「土匪來了，土匪來了」小孩拚命往山下喊。山下的人，聽到有人喊：

「土匪來了，土匪來了。」山下的人，很快的跑上山來幫忙。

「咦！怎麼沒看到土匪？」

只見一個小孩抱著肚子，在旁邊狂笑，山下的人才知道是孩子開玩笑。之後，孩子接連幾次撒謊，山下的人受騙幾次後，只要聽到有人喊：

「土匪來了，土匪來了。」大家只有搖搖頭，說道：

「又在說謊，又在騙人。」聽多了也習慣了，不再理會小孩子的喊叫。

有一天，土匪眞來了，無論小孩叫得多大聲、多淒涼，就是沒人跑上來，最後，所有的東西都被土匪搶光光。

用欺騙對待善意幫助的人，他們可以一次、二次、多次相信，一旦不願意聽的時候，代表絕望不再相信，也代表說的話，已經沒有任何價值。

有些人可能說的話並不假，但是，忽略「立場和能力」，立場不對能力不足，雖然，說的是真話，卻難以取信於人。如果，一再堅持，非要讓人聽他的真心話，同樣的語言重新播放，久了，人家懶得聽也懶得相信，如此言語和說謊的孩子有何不同？話不在多，無法讓人認同，就要注意，若一再言說，自討沒趣，也摧殘僅剩誠信，何不閉嘴，保留尊嚴，無話可說，雖无咎亦无譽，何妨？「括囊，无咎无譽」，清靜多了。

第四爻　小象辭　象曰：括囊无咎，慎不害也。

流言雖是無形，殺傷力不亞於有形殘害，謊言看似無事，卻可讓人失去誠信。人，雖不能阻止流言、謊言的存在，卻可要求自我潔身自愛，不與之同流合污，不為始作俑者。

諸多事物爭端來自於口，落人口實遭人利用成了受害者，多如牛毛不足為奇。不論亂世或盛世皆有宵小，身處高

位更須「謹言愼行」。該講，是因爲對方能聽我忠言者；不該講，講的跟沒講一樣，倒不如不要講，以免落人口實，反被人利用成爲他者攻擊的話柄。

能聽我言則留之；不能聽我言則去之。若不能順遂陳述內涵與情感，從者要識趣，所謂「道不同不相爲謀」，無權要求對方接受，每人都有獨有的感受知性，「口服心不服」還是不服，不如不說來得好，不是嗎？

世道不行，或道不同不相爲謀，寧可將話封住，毋須多言。若是對方連講話的機會，都不給，告訴什麼呢？

價值不復存，該是離開的時候，千山我獨行，不必相送，落得無事一身輕，暫且休息，何必在乎別人的批評，又何必計較名譽的得失。塞翁失馬，焉知非福，「括囊无咎，愼不害也」。

身陷亂局沼澤，「停、聽、看」靜觀其變，聽其言、觀其行，綜觀一切，胸有成竹再思因應對策。「括囊」封口令，恰是給人緩衝空間，有多餘時間思考。

忍不住看不慣，因一時衝動，多講一句話，多做一個動作，破壞氣氛，讓場面充滿詭譎，後悔，往往就在缺少這麼一點耐性，喪失轉折空間頓時爆出來。容易衝動的人，切

記，「括囊」兩字眞言，忍一時口舌之快，海闊天空，察言觀色觀其變，少禍端，「无咎无譽」又何妨？

「括囊」用對場合，「沉默是金」益處多，運用在談判，善用「括囊」，少言語多聆聽，「括囊」反成了有利的運用籌碼，愼不害也！

☯ 第五爻｜ 爻辭　六五：黃裳，元吉。

坤卦（☷☷），「六五」陰爻居陽位，不得正位，亦即「六五」強調的是「君、臣」之道。

古時，穿著，分上與下，上穿衣，下著裳。「黃」諧音「王」，「王爲上、臣爲下」，故而「黃裳」隱喻的是「君臣」上下之間的關係。

回溯歷史背景，時代背景的不同，對最高領導者的尊稱就有所不同，商周年代臣子對最高領導人稱「君上」，稱己爲「下臣」，爻辭乃周文王時期所著，故而「黃裳」講求的是「君臣」一心、「上下」一體，把國家帶到最佳境地作發展，謂之「黃裳，元吉。」

　　至聖先師孔子在坤文言傳有云：「君子黃中通理，正位居體，美在其中，而暢于四支，發于事業，美之至也」。

　　「君子黃中通理」，指的是居坤道「六五」之君子者，以王道為中心思想貫通事理。居於國家體制，「君有君道、臣有臣道」各正其位、各職所司、各盡其職，依據體制運作事物，以達到盡善盡美的境界。

　　「臣道」君子就似「君道」君王的手足一般，「君臣一心，上下一體」共同為國家發展努力奮鬥，止於最完美的境地，「正位居體，美在其中，而暢于四支，發于事業，美之至也」，是至聖先師孔子在坤文言傳針對「黃裳，元吉。」作詳盡闡解闡釋。

（一）領導者須具備的素養

　　「黃裳，元吉。」文辭中暗示統治階層，須擁有大地的精神，包容萬民的心，肩負承載萬民責任，孕育萬民福祉為事業，打造江山社稷。天聽自我民聽，聽天下萬民心聲，以萬民民生需求為重，虜獲民心，保江山於長久。

　　又如企業，企業主應以公司全體福祉為中心，設定大局為發展方針，員工是延續公司發展的命脈，聽取員工心聲和

意見，獲其認同凝集向心力，共同為企業利益創造佳績。企業照顧員工生活，員工付出勞力、心力於企業，彼此互利互存，共同建立長久不衰的企業體。

君權制度，君王集權力於一身，天下之大莫非「王土」，王土內的老百姓都是他的子民，政權要穩定，江山要長久，必須做到「黃裳，元吉」，黃裳譬喻領導者與老百姓上下一心；「元吉」領導者以「內聖外王」理念作為政之道與用人之道。至聖先師孔子於＜為政篇＞首篇，開宗明義論述身為一國之君的為政之道。

子曰：「為政以德。譬如北辰，居其所，而眾星共之。」

身為一國領導者，順承天（順從民意），居於高位治理國政，真心誠摯從身教言行做起，以身作則感化人民，糾正人民陋習。領導者言行舉止，動見觀瞻，為民楷模，像北極星定居在天上，為人民心目中景仰之對象，領導者德政感動人民，人民心甘情願跟隨領導者服膺統治，像天上眾多星辰以北極星為中心，拱衛在四周一般，天下為天下人之天下，穩固江山事業於長久。

國家欲強、企業欲大，除了領導者意志和理念，更需要強而有力的經營團隊（坤道君子）鞏固領導中心。領導者具備

高瞻遠慮的思維和容人之雅量外，「內聖外王」理念，虔誠
待人，禮賢下士，選賢與能，綜觀考評，選擇人才，付予實
權，使其各在崗位盡其本分，領導者與部屬上下一體，同心
同德貫徹意志，弘揚理念，發揮實力到最佳境地。

　　領導者之於部屬，唯才適用，「聚眾人之智，博取眾人
之長」為其所用，天聽自我民聽，聽天下萬民、部屬心聲，
綜合各方意見去蕪存菁，作出最好的決策、政策，付委機構
執行任務，使其達到「人盡其才，物盡其用，貨暢其流」境
界。

第五爻　小象辭　象曰：黃裳元吉，文在中也。

　　文指「六五」的中心思想就在「心中道」之中，亦即內
在涵養含有「內聖外王」大道在其中之故，而有「黃裳」所
以「元吉」之因。

(一)虛懷若谷

　　眼高於頂，剛愎自用、仗勢欺人是領導者（或領導階
層）的致命傷，憑藉喜好厭惡處事待人是很危險的。身邊圍
繞著陽奉陰違的人，盡講些奉承阿諛的話，聽到的只是表

面現象，讓當事者產生錯覺，做出不當決策，自以為是，弄得「主從」不合，明爭暗鬥，不知多少人蒙受其害，原因為何？內文意涵沒有「中心思想」做為主軸，不知為何而做？不知為誰而做？孰是「主」孰是「從」不得而知之，何以達成「主從一心，上下一體」共識凝集？一切，「文不在中」之故也。

剛愎自用者，縱有百般忠言良策，難敵他手擬、口述的兩個字「再議」，提案數次不成，熱誠遞減，意趣闌珊，沒勁了。忠言良策隨熱誠遞減而遞減，由希望變成失望，最後，一一默默離開。耳根清淨不少。問題發生時，欲求無人，欲哭無淚，轉向奉承阿諛的人，這些人看到、感到時局不對，見風轉舵，跑了。

剛愎自用，讓無知乘虛而入，蒙蔽理性，令良師益友，忠言難入、良策難進。能力再行、再好，一人總是難撐大局，人非鐵打身體，事必躬親固然好，但，總有江郎才盡、體力用盡時，孤傲狂妄造成無人可用，就剩自己領導自己，其中就是少了「文在中」的美德（內聖的美德）。

人不可能永遠處在順境沒有波折，身處順境時，想到逆境的可能。人心如流水，思向決定趨勢走向，也決定「吉凶、勝敗」得失。領導者應擁有「文在中」（內聖）的美德，以「虛懷若谷」胸襟破除剛愎自用；以「謙沖為懷」氣

度破除孤傲狂妄；「虔誠赤心」禮賢下士，眾人福祉爲依歸，「聚眾智定趨勢」，用「內聖外王」爲治國、治事準繩，凝聚「主從一心，上下一體」共識成局，共同爲國家、事業團體貢獻心智勞力，圓滿實踐理想臻於「眞善美」境界，可謂「黃裳元吉，文在中也。」

☯ 第六爻 ｜ 爻辭　上六：龍戰于野，其血玄黃。

坤卦（▦▦），「上六」，坤卦最上一爻。坤卦到了第六爻，事情發展到了極限，面臨「量變與質變」抉擇，「爭與不爭、變與不變」矛盾情結，等待決定、解決的心境。

「龍戰于野」基本上存在著內外不一的矛盾，造成「身心或上下」內外糾結，形成「身心或上下」內外交相爭戰。內，按照事前擬定計畫和配套措施運作，發展到的極限，內部（內心）產生矛盾而生變；外，突發事件扭轉情勢發展，形成外在對立態勢，而有更弦易轍之力爭。

「變與不變，爭與不爭」，促使主從地位混淆，造成青黃不接態勢，導致內、外對立矛盾，引發各就其位的內心交

戰（主從地位爭霸），腦海混濁，一片灰暗，「其血玄黃」不知如何是好？

　　誰也不願意造成衝突和爭戰，很多衝突與矛盾，在發生之前是可以避免了。衝突與矛盾發生爭戰是因為沒有做好「履霜堅冰至」前置工作，付出的代價就是各自為政，各自捍衛擁有的意識形態，堅守各自意識形態的顏色，像是兩條平行線沒有交集，誰也不願屈從忍讓，導致「主從」關係混淆，各自為了利益與利害佔有、算計，形成「明爭暗鬥」樣樣來，對立與矛盾對峙不解的結果，促使各有不惜一戰的態勢，「龍戰于野」。

　　權力慾望太過，混淆是非，忽略「主從」關係，換了位置就換了腦袋，改變原來的架構（原體制「君是君，臣是臣」，漠視主從關係，成了君臣不分混沌狀態），都想要當家作主，忽視順從服膺觀念，違背坤道「順」的原則，爭權奪利、明爭暗鬥戲碼由是展開，而有「臣不臣，君不君，臣弒其君，子弒其父」的歷史情節，搬上銀幕上演。

　　企業為了爭取主導地位滿足權力慾望，忘了創業初衷忽視原始本意的目的，促使目標失焦、抱負變質，脫離初始創業本質，眼前情事像脫了稿的戲劇，硬是沒章法上演，完全走樣脫序，天昏地暗，霧矇矓一片，不知所以然。

「龍戰于野」因為「主從」角色前置作業欠周詳，忘了扮演角色的「主從」關係，沒能說明白套好招，以為有個「飛」字就有好戲看，弄個「張飛」打「岳飛」，「主從」不明，文不對題，牛頭不對馬嘴，亂了，時代背景也不對，不矛盾、不對立才怪，殺得天昏地暗、風雲變色，一片霧濛濛，「主非主，從非從」紊亂無章，不知演啥。

看明白弄清楚重新檢視究竟，不讓鬧劇持續上演才是上策，畢竟人生如戲，該是誰的角色就是誰（君是君，臣是臣），順著各居其位的角色，按照劇本劇情扮演好「君、臣」職司，就不會亂了套，沒了章法。

亂了套引發紛爭，促動內心交戰，無有「中心思想」為據，失衡使人脫序演出，亂了章法，顛倒正常順序運作、運行，衍生對立和矛盾負面衝擊，問題由是發生，窘境由是生成。問題來了逃脫不了，就要勇敢面對。如果，傷害已造成，「謙讓包容」化解歧見，撫平傷口，正本清源正其「名份」，名正言順化解「主從」關係，防範「龍戰于野」上演。

「身心」本是同根生，相煎何太急，何不退一步，海闊天空，有事好商量，化干戈為玉帛，重回初衷情，順應天意，各歸本位（君有君道，臣有臣道），天下太平。

　　不到最後關頭，絕不輕言放棄，更不允許挑起更大衝突，除非「道不同不相為謀」，理念完全背道而馳，為了生存不得不反擊，這種情況是最不樂見的非常措施，因為反擊，受到傷害的是所有人，「龍戰于野」兩敗俱傷。因此，化解「其血玄黃」瘀傷最好的藥方，謙讓與包容，令其「主從」各歸正位。

(一) 對立與矛盾的因應態度

　　忙於追逐名與利的當下，陷入物慾沼澤太深，掩蓋原先本性，容易失去理性，無暇反省優劣得失，讓人在物慾叢林追逐，掉進剛愎自用，唯我獨行意識沼澤中，不知名的「對立和矛盾」伴隨其間，讓人愈陷愈深，造就紛爭，引爆衝突。

　　衝突一起，「得失、吉凶、是非、善惡」種種對立，如影隨形蜂湧而至，矛盾隨勢在後，環繞周遭，伺機蠢動。欲解迷思化解「對立與矛盾」，必須憑借一股力量，「進退之道」隱然力量(名正言順，正其名安其位)，得以壓制衝突的一股無形均衡力量，誰能掌控這股均衡無形力量，就能化危機為轉機，將一切不利的因素消弭於無形。

　　所謂的強國、強權所以為之強，就是斡旋這股中和力量

（名正言順，正其名安其位），順著這股中和力量（正名之
正當性，依理而行，文在中也），盡其所能降低矛盾、減少
衝突，居中調解紛爭解決矛盾，化解對立狀態於未然，亦是
化解「龍戰于野」的處方箋。

　　「人法地，地法天，天法道，道法自然。」一切依法
（依法正名，）就是順（名正言順），順著規律步伐運行，
順著趨勢、順著潮流，前後、左右、上下各按其道、各守本
分，順著冥冥中安排的劇本，有節奏扮演各自角色。

　　天地間偶有不順，就是亂了章法，以致大呼小叫引發對
立怒吼，「柔而能包，包而能容」，利用包容謙讓力量，
「名正言順」中和對立歧見，化解矛盾，避免衝突怒吼。
「柔」的包容「順」的謙讓力量，是一股以柔克剛的中和力
量，它可以化解矛盾，平息怒吼怨氣，它也可以化解對立僵
持，更可以消弭矛盾，降低衝突氣息於未然，那麼，就沒有
「龍戰于野」的情事發生，不是嗎？

第六爻　小象辭　象曰：龍戰于野，其道窮也。

　　坤最上一爻，由「初到上爻」是事物變化的發展過程，
也是所謂的「量變」。到第六爻，已達極至，意謂「量」已
到極限，「量」該變已變，變到無可變，那就是「窮」，

「量」窮其變化到一個界限，將要發生「質」變。簡而言之，「量」就如食物的保存日期，到了保存日期將至之時，食物隨著時間的「到來或超過」，產生一種現象，「變質」。

「其道窮也」說明一卦六爻變化至「上爻」，即將完成一個階段性任務，隨時有可能從「量變」為「質變」階段，「物」已非原「物」。

「陰疑于陽必戰。為其嫌于無陽也，故稱龍焉；猶未離其類也，故稱血焉。夫玄黃者，天地之雜也，天玄而地黃。」這是「坤文言」所述內涵。

「坤」卦六爻皆陰，「陰」發展到上，就疑于「陽」，雖與「陽」相似，卻非是陽，妄想取而代之，則必戰。「必戰」對個人而言，講的是內心交戰；「必戰」對上下從屬而言，講的是職位、權力或利益的交戰，基本上，就是本質上的「變與不變」的交戰。

(一)忘了我是誰

至友失聯已數年，看著恩人故居，懷念之情湧上心頭。思念者佇立在那裡，腦海清楚記得，記憶裡浮現恩人資助情

景，猶記得當時，他只是一個落魄的年輕人，事業不盡如意之時，無人願施以援手，恩人就在此時出現，因他的抱負與真誠感動了這位恩人，默默扶持他、幫助他，還出錢出力資助他創業。創業的前幾年，恩人為了他不辭勞苦奔波，從不以為苦。他心裡發誓，一定要創出一片天以回報知遇之恩。

如今，事業有成的他，卻不知恩人今在何方，忍不住升起思念之情。這時，身邊幕僚說道：

「老闆啊！您的恩人好友早已離開這個地方，您就想辦法去找吧！」

之後，從他人手裡買下恩人遷離已久的故居，精心將屋子整理像以前一樣，希望，能夠看到恩人再度回到此處，重拾往日相處的日子。

偶爾，他沒事總要到屋裡巡視。幾年過去了，仍不見恩人蹤影，不知不覺喜歡上這裡。於是，乾脆搬進房裡住了起來，他，似乎忘記了一個諾言，當初買下這個地方的初衷！

人在追求物質的美好，常忽略內心本來面目。物慾高漲時，情感隨著時光流逝越來越淡化，物慾凌駕於心靈，導致「內心與身外」對立、矛盾，引發「物慾與內心」爭鬥情事。

「龍戰于野」，忘了原始面目失去初衷，參插某些「人性」元素，量變成了質變，迷網中忘了我是誰；「其血玄黃」。人，一旦，「忘本」失去初衷（失去中心思想），容易迷失本質，「恩情一邊放，利字中間擺」，忘了我是誰，變質的，「我已經不是原來的我」，自己都不認識自己，如何認識周邊，利益衝突的當下，早已將情誼拋諸腦後，不僅是「龍戰于野」，「其血」眞的變成「玄黃」，混濁難辨。

「積善之家，必有餘慶；積不善之家，必有餘殃」，善與不善始於初衷，助人要看對象、看成因，心術正與否？關係「餘慶與禍殃」結果，懸於一念的抉擇。

「履霜堅冰至」精神概念決定「因」的延續，「心性」內涵修養是影響「龍戰于野」與否的關鍵，一切，在果未形成之前，還來得及「回歸本心」，溯及「初衷之因」，迷途知返，尚不爲晚。莫待「道窮」質變，「龍戰于野」就遲了。

用六 爻辭　利永貞。象曰：
　　　用六永貞。以大終也。

坤卦（䷁），六爻皆是陰爻，六爲老陰，量變到了

極點就要質變，物極必反之故，陰變陽。

物極必反的「反」，「反」不是造反或反抗的「反」，而是反向操作或反向思考，返回原始初衷，回歸精神所在，溯古本源成今之經驗法則造就規律，依循歷史軌跡鋪陳未來。

看到了霜降，想到天氣變涼的到來，根據自然界四季運行通例，預判可能發生的結果，為法則演繹通用的變易準則，演繹「順」勢法則，通達事變，演繹適用法則，行之天下於萬象萬物，知其利之所在、向之所趨，知去往之處、亨通之所，返回元之本源，精益求精，順著直、方、大之趨勢發展，原「終」反「始」回歸初衷，昇華為之經驗法則廣泛應用，就是「用六」精神之所在。

「用六」精神所指孕育新的經驗法則，且保有本質精神為之應用，不失原意沿舊改造以創新。「用六」，六為老陰，以「貞」至「利」至「亨」至「元」，原「終」反「始」不失「坤，順」之精神進行應用加以改造，改造創新為「坤之乾」通例，而後以「元」之始，「亨」「利」「貞」依序追溯引用。

用六，就是「坤之乾」應用，「坤，順」之精神融合乾之德，天長地久健行不息孕育創新，黑夜裡有白天的因子，

白天裡也有黑夜的因子，堅守「坤，順」精神，重啓「乾，健」不息演繹經驗法則，原「終」反「始」複製創新運行法則，天地運轉造就「日月與四時」更替，春、夏、秋、冬四季過了，還有下一次的春、夏、秋、冬。

「用六」精神，在在強調在不變的前提下，融入新的素材趨於更完美的境界，「坤，順」精神融合「乾，健」動能，就是改造後的「坤之乾」。「用九，創造；用六，改造」，創造改造的更替互用，孕育文化的種子創造文明的果實。

成就欲登高峰，孕育思維創新、觀念創新乃至物的創新，不可須臾中斷。活動腦力多層角度思考，原「終」反「始」創新思維，不失原意孕育創新（思維、觀念、格局等）。「用六」精神所指「不忘本源」回歸生生不滅自性（初衷原意），昇華境界再造登峰。

雖不能做個創造者，起碼做個改造者，把原有東西來個大翻轉，打破舊疆域，「截長補短，聚集眾智，爲己所用」孕育新做法，改良原有的東西，使其演繹法則趨於更完善。

作爲時代先鋒者，必須堅持一個原則，效法大地的孕育精神，「依法不依人」，從孕育中學習，從實踐中累積經驗；「依智不依識」，改造思維創新觀念，領先環境超越世

代，那麼，人生、事業必有斬獲。

　　用六的精神，告訴我們，利用原有素材，「依法不依人，依智不依識」，不斷孕育開發新領域、新技術。雖然，不能做創始者，卻可以做優秀的改造者，利用原有素材，加以研發孕育改造好的東西嘉惠世人，節省成本，又能在最短時間內達到需求成果。

第叁卦

雲雷屯　坎上震下

3 | 第參卦
雲雷屯　坎上震下

第**一**章｜ **卦辭　彖辭**

第一節　卦辭

屯，元亨利貞，勿用有攸往，利建侯。

屯，序卦言：「有天地然後萬物生焉。盈天地之間者唯萬物，故受之以屯。屯者盈也，屯者物之始生也。」

「有天地然後萬物生焉。」講的是自然界的發展過程（此處元亨利貞意涵指的是自然界的發展過程），乾為天，具有創造功能；坤為地，具有孕育功能，有天、地的創造、孕育過程而後有萬物的生成。

「屯，元亨利貞」：「屯」，為屯積；「元亨利貞」，

爲自然本能（寓知寓行，運用創造、孕育功能以屯，屯以蓄
積創造條件、生成能量的成熟爲之用）。善用與生俱來的自
然本能「創造生活條件，孕育生成能量」以屯，使其（萬
物）在天地間立足生根，延續生存活動，受之以屯（創造、
孕育屯其有利條件、生成能量的成熟）「盈天地之間者唯萬
物，故受之以屯」。

　　萬物降臨世間，爲的是什麼？生存。人之所以爲萬物之
靈，從生存空間創造機會孕育生機，從夢幻世界創造眞實情
境。千萬，不要爲了生存而生存，小草尙且用「屯」之道
（屯字的象形，由「屮」和「一」組成，屮是草的縮寫；一
爲地，像小草萌芽穿出地面的形態，「屯」之象形），屯
其所需穿出地面出頭天，昭然若揭宣告世界說道：「我來
了」，何況是人類，更應爭取有尊嚴的生存權，人生活得才
有意義、價值。

　　「勿用」非不用，而是毋須擔心使用匱乏（創造、孕育
功能，寓知寓行創生萬物一切所需，無有匱乏之虞），與生
俱來生存本能，原本具有自然界「元亨利貞」的「創造、孕
育」功能，更具有「吸收儲存與釋放對應」功能。

　　凡有，多屯一點能量，萬物就能生、能活，屹立世上活
動成長；多屯一點能量，人生不會埋在地下，不見天日；多
屯一點能量，事物不會窒息，胎死腹中；多屯一點能量，心

志不會裹足不前，跨不出人生轉折的第一步。

多屯一點使其充沛盈滿，給予萬物多一點成長生存機會，作為跨出第一步的起始生成能量，「屯者盈也，屯者物之始生也。」多屯一點，讓蛹吸收能量孵出美麗蝴蝶，破繭而出；多屯一點，為現況儲存後備能量，突圍難關。

沒有多出一點的屯，千萬不可冒進，暫且「勿用」（少了這麼一點點，有所不足，因而勿用），及時補足能量，善待充沛足夠之時再行運作，「有攸往」（多了一點，有備無患而有攸往。）「寓知寓行」統籌分配，權衡「勿用」與「有攸往」之進退，有利建立根基擴張勢力版圖之用，「勿用有攸往，利建侯。」

（一）自助人助而天助

某個業務員拜訪客戶，接連吃了好幾次閉門羹，但，他不氣餒。每一次的閉門羹，讓他反省好些日子，企圖找出原因穩住信心，從反省中，建立新的論點，調整戰略，皇天不負有心人，機會又來了。

拜訪前，做了三個夢，首先，夢到自己在同個地方打轉，轉不出所以然來；接著，夢到開車，頭上帶著安全帽；

之後，夢到跟客戶在一起，卻是背靠著背。人遭受挫折之時，心裡難免有些猶疑，夢醒後找人解夢。先知聽完他的夢境之後，往桌上一拍說道：

「你這回可是白搭了，在同個地方打轉，沒希望。開車帶著安全帽，多此一舉。跟客戶在一起背靠著背，南轅北轍，沒共識。」

年輕人一聽，心情格外沉重，不過，他愈想愈不對，客戶的狀況，我最瞭解，怎會由別人來論定成敗。接著用積極心態解讀夢境調整情緒。

「在同個地方打轉，只要轉個彎不就沒問題嗎？開車帶著安全帽，不正是有備無患嗎？跟客戶在一起背靠著背，換個角度，不就萬事OK。」

年輕人趕緊將客戶資料加以整理，充滿信心分析明天可能發生的狀況。果不其然，從眾多強勁對手中脫穎而出，拿到了訂單。

「心」是事理本源，與生俱來就有創造、孕育功能，為「元」（指乾元與坤元）；念隨心轉貫通事理，為「亨」；持「中」道以行，不偏不倚成其善法，為「利」；客觀條件為基礎，堅守「中」道，持之以恆，為「貞」，以此「元亨

利貞」四德，自助人助而後天助，孕育有利條件屯積所需能量，開創前程發展事業，止於善的境地以成事。

　　「元亨利貞」四德未臻成熟之際，勿輕率行動，能力不足強行出頭，於事無補徒勞無功，暫且「勿用」。一旦「條件、時機」成熟，屯積能量足矣！利於接受挑戰，「有攸往」，能量充沛有備無患，開創前景，建立基業成其功德，謂之「屯，元亨利貞，勿用有攸往，利建侯。」

　　故事中的年輕人，知其不足予以加強，充實屯積所能，雖然暫時無所得，終因努力致力充實，反躬自省，經綸所需要件，完善事前準備工作，時機一到，不但，擴展業務也為公司奠定基礎。

(二)每個人都有出頭的日子

　　天地的眼裡，人類誕生落地的那天，就已經出頭了，都是龍都是鳳，故而言「每個人都有出頭的日子」非假。「屯」的象形，告訴世人，成事之前，必須儲備充沛能量，才能在競合角力賽中勝出，成為人中龍鳳，創造出一片天。因此，欲出人頭地，紮根立足厚植實力是必要的。

　　人人都擁有「元亨利貞」自然功能，從創造到孕育過程

中，創造條件造化人格特質，充沛善知識厚植能力，提升統籌能力，知其所然，運籌帷幄，出人頭地，闖出一片天。

知識不足難明究竟，實力匱乏難能使力，身處莫名其妙境遇，勉強運作徒增困擾，與其得不到解決，還不如等待，暫且休息，不做「勿用」舉措。「勿用」非不作為，而是知其不足，暫且不為，充實充沛能量為首要。「勿用」是為了充沛能量的前置作業，便於創造「有攸往」條件。

群龍群鳳們，能耐不足，難以成事，暫且「勿用」；「寓知寓行」權宜變通，屯積知識充沛能力，提升解決事物能力，待一切足夠（時機成熟，能力充足），再來與人爭一席之地，「有攸往」；建立勢力擴展版圖不為遲，「利建侯」。

第二節 彖辭

彖曰：屯（☵☳），剛柔始交而難生，動乎險中，大亨貞。雷雨之動滿盈。天造草昧。宜建侯而不寧。

屯字的象形，由「屮」和「一」組成，屮是草的縮寫；一為地，像小草萌芽穿出地面的形態，「屯」之象形。

屯卦：外卦坎（☵）為雲，內卦震（☳）為雷。雲在

地之上之外，雷在地之下之內，各自有其動靜活動。「陰、陽」動能在天上地下交織互通，產生共鳴、共振現象進而形成雷霆天象，龐大能量給世上帶來無限生機和生命源頭，然，這只是磨難歷練生成的前奏曲，「屯，剛柔始交而難生」。

雲在天上聚集能量，雷在地底聚集能量，相互震盪交相衝擊擦撞出轟天巨響的一道光，一道N形的閃光，此乃雷霆天象的符號，象徵「向上與向下、提升與沉淪、亦或是轉機與危機」的化身，也告訴人們，「機會亦或警告」只在交織一念間發出訊息。

「富貴險中求」，不論是事業、人生或者是命運，每一次的歷練都是挑戰，風雲湧現的當下，唯有「屯」，屯其「條件時機，能量生成」之成熟，擁有足夠實力、能力，才能抗衡雷霆一擊，接受世代嚴峻挑戰，直搗險中破疑難，邁向未來展鋒芒，亨通大道以行，奔騰人生、事業擴張版圖，「動乎險中，大亨貞。」

世界永遠隨時、空輪轉變化而變化，非人為力量可以扭轉，人類能做的順應趨勢做出合宜變化(改變想法、觀念或作法)，當此之前，心中應有所備接受雷霆一擊。雷霆一擊當下，捫心自問，己之能量充沛與否？能力所及就是機會，「宜建侯」；能力不及則是警告，「而不寧」。

(一) 世紀大贏家

　　獨具慧眼智者，深知風險中屯積著極大轉機，唯有投身險境洞澈玄機，開始之初，心裡必須有所準備，接受「剛柔起伏」（心態）交相試練，苦其心志，勞其筋骨歷練種種艱險考驗，屯積所需「條件、能量」，完善風險因應配套，貞守「多少能力做多少事」原則，做出關鍵性決策，「富貴險中求」控管風險，亨通進行人生大投資，成為世紀大贏家，「屯，剛柔始交而難生，動乎險中，大亨貞。」

　　「英雄豪傑」亦是時代的人生投資者，深知動盪不安的世局，是眾人的危機卻是英雄投資的好機會。山雨欲來風滿樓，天昏地暗霧濛濛，「雷雨之動滿盈，天造草昧」，機會與危機並存其中，卻是打造江山的好機會，「宜建侯」，雷霆大作心不驚，雷聲交加心不懼，深知混沌不明世代，正是英雄豪傑出頭好時機，「時勢造英雄，英雄創造時代」如是也。

　　「英雄豪傑」善於在渾沌未明世代，立目標（天下未定，名分未定，導致人心「不寧」，故而「立目標」以「定名分」），利用「陰陽」對立引發能量（亦即鼓動人心的正反群眾力量），建立勢力穩固根基（建侯之謂），掌握時勢，解決人心向背趨向，成就豐功偉業創舉。

　　歷來，世代大贏家們，明確瞭解「對立矛盾」相互激盪能量，是很可觀的，所謂「強者恆強」就是善於從「對立矛

盾」中屯積最大能量，做好一切事前、事後的準備，進取世紀大贏家的行列之中。

(二)開創現在展望未來

萬事起頭難，開始雖然帶來苦痛，不過，心裡再怎麼煎熬、再怎麼辛苦，也要走下去，沒有開始就沒有後續發展，磨難苦痛讓人歷練心酸、讓人百感交集，卻是換得風雲再起的成長力量，「屯，剛柔始交而難生」。

與天爭，本身就有風險，富貴險中求是在「動乎險中」求富貴，挑戰險境過程中，不要忘了從中積累智慧能量，有了足夠智慧，才有堅守理想的本錢，才有充沛能量開創現在，展望未來，成就事業，見於世上，亨行天下大行其道，「大亨貞」。

未來就像蒙昧世界的虛空，似幻似真在世間流動，時去時來未曾落幕過。未來又似雷雨交加一般，充斥在天地之間，茫然矇矓一片，讓人看不明撥不清，「雷雨之動滿盈。天造草昧。」有人被景象嚇得退縮，但，有識之士，卻認為危機亦是轉機，在「人心不寧」之時，勇於把握機會統籌規畫，創造光明前景。

成功者之所以成功，總在眾人放棄或不能之時，「寧靜致遠」未雨綢繆，做好事前準備、妥善事後配套，創造事業、成就功績，「宜建侯而不寧。」

第二章｜大象辭

象曰：雲雷屯，君子以經綸。

「雲雷屯」（☵☳），下卦震為雷，雷在下；上卦坎為水、為雲，雲在上。雲之能量得之於天，雷之能量得之於地，雲、雷各居一方，天地相去遙遠，因緣相聚而有咫尺際會，各自能量屯積相當，而有雲雷之勢爆發力的產生。問題來了，雲是怎麼形成？雷又是怎麼形成？先解決這個迷思。

「雲、雷」之形成在於各自「陰、陽」開始交織，引發「剛、柔」之間「動、靜」摩擦震盪，產生動「能」。「雲雷屯」雲、雷各自蓄積足以成雲、成雷的能量，「屯」至雙方能量潮足以暢通交流互動，才有「鼓之以雷霆，潤之以風雨」後續活動。

「雲雷屯」內涵中，告訴人們，一個「因緣際會」延續，只有單方面是不行的，必須雙方就「因緣際會」做出努力，一個獲上（指上卦坎雲）之共鳴；一個得下（指下卦震為雷）之共振，共振、共鳴而有了實質形態的展現。

實質形態展現前後，「成與未成」之間的努力，皆可謂之「屯」，「屯」是「時、空」間能量潮累積的計量，非一

朝一夕所能成。不論如何,想要打通關節,充沛的能量潮不可缺,才能在實質形態展現當下,從中取得所欲求的東西,關係到整個事件後續發展之有無。

「君子以經綸」隱喻君子看到雲雷活動發展情形,「鼓之以雷霆,潤之以風雨」天造草昧,一片混沌狀態之下,若未能在事前做好規畫,統籌可能發生的一切變數,轉機也會變成危機。

有識君子們,在實質形態展現之前,只做一件事情,要求充實,盡其可能充沛能量潮(如進德修業或有用資源等等),妥善安排前置作業,完善配套措施,「未雨綢繆」作好事前、事後防患於未然之配套舉措,利於穩固根基建立勢力。

「雲雷屯,君子以經綸」告訴君子們,面對任一時勢的變化、變遷,除了因應時勢之需,能量必須充沛,「未雨綢繆」做好事前、事後前置、配套工作,防患於未然的統籌能力尤應加強(勤於進德修業以加強統合能力的提升。)

(一) 上善領航者

雲雷發展初始由小至大,由少至多緩步凝集能量,蓬勃發展逐漸強大,條件成熟時機一到,自然而然發出雷霆之

力，降下雷雨。創業之際，心存「策畫在前經營在後」概念，妥善安排前置作業，完善事物運作配套措施，爲之「經綸」要訣，統籌規畫行政程序、作業，循序漸進建立根基。

「屯」方向正確之外，經綸才能不可或缺，時機成熟，善用手上所屯籌碼，規畫事業經營人生。領航者，根據所屯能量多寡找立足點，因勢利導做出睿智決策，演繹可能發生的所有變數，兼顧利弊得失，未雨綢繆做好事前、事後全程的統籌分配，有備無患主控全局於無虞。

每一個人都擁有無限潛能，關鍵是開發潛能價值，潛能開發需要內涵，內涵需要進德修業，日積月累屯積到充沛，才有足夠內涵作爲基礎，貫通事理完善事物整合，增進運籌帷幄決於千里之外的統籌能力，提升「經綸」治事才能，成爲上善領航者。

第三章｜爻辭、小象辭

第一爻｜ 爻辭　初九：磐桓，利居貞，利建侯。

「雲雷屯」（☵☳），「初九」，陽爻居陽位，居得正位，下卦震，德是「動」，故而有躁動之虞，而有「磐桓」警語。

「磐」下頭有「石」字；「桓」旁邊有「木」，兩字合起來，如草木被石頭壓住難以伸張的形態。「萬事起頭難」，人生、事業開創之初，就似草木被壓抑，想要出頭需要一番努力，才能突圍竄出頭，與之爭一片天地。

「磐桓」意在提醒「初九」，創業之初，莫要「躁動」冒然行動，「磐桓」的停留不進，是為了壓抑衝動造成莽撞之舉，讓「初九」多點緩衝空間，深思熟慮統籌規畫，如此作為目的：（一）有利於居其位依志向而行，「利居貞」；（二）有利於事業根基穩固，以為未來擴張勢力建立版圖之用，「利建侯」。

「磐桓」停留不進，非不作為，利用緩衝期間，做好創

業之初的前置作業，統籌可能發生的一切變數，詳盡規畫因應措施，按照志向隨性發展，時予我；進，時不予我；退，深耕事業根基，擴大事業版圖。

創業之初，難免遭受阻礙，怕的是，事之前後，沒有妥善規畫，雖有能力卻沒原則，內心堅持，敵不過外在力量，更弦易轍，改變初衷，破壞原意，忘了奮鬥目的，違背初衷即使建功立業有成，又如何？此番功業注定不屬於他，此事業已非原事業之初始原意，已然變質，出局了。之所以會如此，少了「磐桓」後的「經綸」縝密統籌規畫，破壞「居貞」原則，錯失「建侯」有利條件的創造時機。

磐桓，表面上是消極，內裡卻是積極的，不失為理性暫緩作為，達成事緩則圓的一種手段、一貼緩衝劑，利用「磐桓」期間，「閒中不放過」規畫作為，制定創業前後的因應措施，「動時好受用」就地生根，屯積實力，穩固根基擴張版圖，「磐桓，利居貞，利建侯。」

第一爻　小象辭　象曰：雖磐桓，志行正也；以貴下賤，大得民也。

雖磐桓，欲言又止直指「志行」之正，磐桓非不作為，而是希望當事者，積極宣達志向，明志以行，「志向」為目標，事緩則圓原則之下，不改志向，詳盡規畫統籌事宜以成

事，「雖磐桓，志行正也」。

　　利建侯非一人可成，創建事業之初，舉步維艱事事辛苦，太多事情、問題需要人來解決，太多規畫等待人來統籌。人才取得是成就事業不可或缺關鍵要項。身為領導階層者，求人才，身段要柔軟，心要謙卑，以貴處下，禮賢下士，得到眾臣、民眾衷心擁護、愛戴，「志行」以正造就事業，建功立績定江山，「以貴下賤，大得民也。」

（一）謀事在天，成事在人。

　　創建事業之初，選定目標為首要，謀事在人，成事在天。事業是長期努力奮鬥累積的成果。大局為重，目標為要，莫以短見視英雄，「爭春秋之長久，不爭一時之成敗」。

　　不盡人意雖然帶來衝擊，「磐桓」以待，事緩則圓正其志行，詳盡規畫統籌事宜，完善措施解決矛盾。「雖磐桓」一時，「志行正」守著志向守著心，「以貴下賤」爭取人心，上下一心，「大得民」，終有成就大業之日的來臨。

　　歷來英雄豪傑豐功偉業的聖者，總在混沌未明世代，舉世艱難中深謀遠慮，雷霆萬鈞之勢面對危機，胸有成竹運籌

帷幄突破困境，展現「泰山崩於前而不改色」氣度，抱持事不成誓不返的志向，勇往直前而不懼，平凡中造就不平凡事蹟，不平凡中完成平凡夙願，歷經歲月淬練，成就豐功偉業的事蹟。

昔之，劉備親臨諸葛孔明家求才，三顧茅廬不以為意，謙卑為懷禮賢下士得諸葛孔明的信任，共創大業而有三國鼎立之態勢，「以貴下賤，大得民也。」千秋大業開創，非一時可成，雖磐桓，求得良相輔佐，明志以行定邦國，值得，「雖磐桓，志行正也」。

(二) 盤點

每逢一段時期企業商場就會有個「盤點」，盤查所有的貨物，將所有物品名目與數量弄得一清二楚，徹底掌握營運脈動，該進該退絲毫不含糊。外行看表面，內行看門道，唯有深入瞭解內容，仔細「盤點」，發覺內容的實質內涵，而不被表相矇蔽，不致步入錯誤方向，踏上不歸路。

凡事之初，須要「盤桓」，花費一些時間，卻能理出正確方向，防範錯誤的發生，「磐桓」又有何妨。凡事，順著志向「盤點」功過，檢視缺失修正不妥，防背道而馳以正其志，「雖磐桓，志行正也」。做大事者，「盤點」得失，知

其功過，遷過向善，正其「志行」達成目標、心願。

　　盤點的目的在結算，透過結算，知其功過得失。「盤桓」的等待，消極性而言，放鬆情緒清理思緒；積極性而言，養精蓄銳等待再次衝刺。不論，消極或積極，凡事必須站在至高點，利用「盤點」找回失落元素，回歸創始初衷，統籌管理重新規畫，正其志行向善發展，「雖磐桓，志行正也」。

☯ 第二爻｜爻辭　六二：屯如、邅如，乘馬班如，匪寇婚媾，女子貞不字，十年乃字。

　　「雲雷屯」（☵☳），「六二」陰爻居陰位，居下卦之中，得位又得中，按理當是上下逢源，稱心如意才是，事實卻非如此，何以言之？

　　「六二」上應「九五」，下乘「初九」（故而有受陽爻初九侵逼之虞，以現在言語言之，初九是求婚之人，同樣的九五亦是求婚之人。）正處進退維谷抉擇兩難的情境之中。

　　「屯如」，有如東西屯積在倉庫，價值節節高升，一時

難以出手情況；又如人之才能看似上下逢源，價碼節節提升，一時難以抉擇所從之主，總而言之，心境正處抉擇困境之中。「邅如」，邅，轉動也，猶似在原地欲進不能、欲退不能的情境。

此爻「屯如、邅如」意味「磐桓」不進心境，身處進退維谷抉擇兩難，一時難以下決定之處境，需要時間緩衝。然，「六二」得位又得中，終究要作決定。

「乘馬班如，匪寇婚媾」整句話的意涵又是如何？

先講「匪寇婚媾」：匪，非也；寇，強盜，非強行搶婚之意，亦即順其當事者意願的婚姻。「乘馬班如」在古時婚姻嫁娶，馬隊作爲禮車（如今轎車作爲禮車）。因此，「乘馬班如，匪寇婚媾」整句話的意涵，即所有結婚程序都準備好了，就等女方點頭答應。

「女子貞不字，十年乃字。」古時候（今仍存在），男女婚配必須合八字，「不字」就是不願意合八字，意思表達爲不願意婚配；「乃字」意思表達爲願意婚配。「匪寇婚媾，女子貞不字，十年乃字。」，受到婚配壓力的「六二」堅持原則，抉擇兩難的情境之中，她作了一個決定，暫且「磐桓」不進，亦即暫時不以「九五」、「初九」合八字，一切等待時間來證明，最後，合我心意者，與之合八字論婚嫁。

　　滿腹經綸有才有德者，爲眾所追求的對象，只是在抉擇時機的拿捏，莫要急躁，審慎觀察詳盡評估，再作定奪。不論人生、事業、家庭、社會等，面臨「屯」卦「六二」情況，千萬不要被好事將近沖昏頭，反而要以審慎態度評估，再來做重大的決定。

（一）有情人終成眷屬

　　一對青梅竹馬從單純的玩伴，隨年紀增長逐漸發展出情侶關係。雙親眼看女兒已屆適婚年齡，心裡著急，忙著幫她物色對象，可，她心裡早有屬意對象。心中掛念的對象，正是兒時青梅竹馬的玩伴，而另一端的他，不時向她保證，事業有成之時，絕不會辜負她。女方父母心裡掛慮一件事情，一年難得見過幾次面的情侶，感情容易生變，深恐，誤了女兒一生幸福。女兒在父母的督促下，數度按照父母安排，與人相親。

　　相親的這段時間，令她內心忐忑不安如坐針氈，但，想到開創事業的男朋友，曾經斬釘截鐵的向她承諾，讓她有了安全感寬心一些。

　　事業有成的他，終於回來了，如約向女方提親，這一次，她爽快答應接受提親，一切等待在微笑與喜悅的淚水中

盼到了，小倆口快樂完成終身大事，「屯如、邅如，乘馬班如，匪寇婚媾，女子貞不字，十年乃字。」的情境就在她兩人身上發生，彼此信任應諾下，造就有情人終成眷屬的實現，也完成父母的心願。

不論人生、婚姻、事業等，抉擇之時（針對屯卦六二言之）必須有一定的堅持與原則，雖然前景大好，爲眾人趨之若物的對象，仍須把持一個「貞」字，貞的節操，心有所屬守著大原則，抗衡外在壓力而能不爲所動，善於等待機緣來臨，如心所願擇其所要對象。

(二)致命風暴

世局波動社會變遷，一股不安風暴氣息如一團迷霧籠罩周遭，讓人看不清風暴形勢，誰能了然風暴形勢脈絡，控管情緒神情若定，不爲所惑、所誘，將成爲遠離風暴的智者。人，無從改變風暴的轉向，卻能營造一股力量，將傷害降至最低，自我的自主能力，遠離暴風圈，脫離風暴侵襲。

風暴來襲，能做的，則是從風暴中昇華理念，克服不安情緒，擬定「萬變不離其中」行事原則，用以抗衡風暴壓力逼迫，雖不能解決問題於未然，卻能避開風暴衍生的侵襲。「屯如、邅如」之「磐桓」不進，思之再思，以防差池的

「萬一」。對的判斷，讓人受用不盡，再造登峰；錯誤的決策，讓人掉入無底深淵，墮入谷底。

　　「磐桓」不進之等待，令人忐忑難安，但，有所本者，始終秉持即有原則，平心靜氣等待時機，行進當中，行行復行行，左思右思，內心不斷承受煎熬，卻能不爲所惑、所誘，理性等待轉折時機著手，他將成爲往後最大獲益者。（亦如上所述故事劇情：有情人終成眷屬。）

　　一時「屯如、邅如」的「磐桓」不進，不代表不作爲，唯衆人皆醉而我獨醒，不急求成，穩住忐忑情緒，一時「磐桓」不進的轉機，換來的可能是「一路平順」（或一生幸福）的代價，值得不？「屯如、邅如，乘馬班如，匪寇婚媾，女子貞不字，十年乃字。」亦復如是。怕的是，看得清楚卻忍不住，把持不住原則，驟然下了決定，跳進致命風暴漩渦之中，久久，出不來，功敗垂成功虧一簣。

第二爻　小象辭　象曰：六二之難；乘剛也； 十年乃字，反常也。

　　「六二」之難在乘剛凌駕初九之上，到底是要改變初衷亦或回歸初衷呢?造成內心掙扎產生矛盾，又有上之「九五」對應示好，兩難抉擇，進也不是，退也不是，只好

原地不動，以不變應萬變，一切，「磐桓」不進，等待再等待，等待時機明朗化，再作定奪。

創業難守成更難，迫於形勢善變，好機會就在眼前，頻頻示之以利，能不爲所動者，難，眞的很難，沒有堅強意志力，受到利益誘惑下，稍不小心陷入利誘枷鎖之中，再好的機會也無從選擇。

「初九」位置發展到「六二」，「六二」乘剛凌駕初九之上，眼前擺著一個好機會（指九五），是要守成（指對初九，已知世界在掌握中，穩定成長不爲憂）亦或往前衝刺（指對九五，未知世界尚未全盤瞭解，諸多變數，然可能有很大的發展空間），守成或擴張，讓「六二」難以抉擇，唯有採取「磐桓」不進，靜觀其變往後的發展變化，再作定奪。

「十年乃字，反常也。」十年乃字是一個譬喻，經過好長的時間的奮鬥，才有今天的成績，如今眼前有人將機會送上門，竟然還需要考慮，審愼抉擇，在一般人的眼裡，總覺得那不是正常的作爲，「反常」也。

「六二」寧可「「磐桓」不進，主要著眼點放在既可穩固原有根基，又可擴張版圖基礎之上，兩者得以兼具「時機點」掌握是關鍵。換言之「魚與熊掌」兼得爲其考量基礎，將不可能變爲可能，非常人所能爲，故而言「十年乃字，

反常也。」亦加十年磨一劍以試刀鋒，不也是很「反常」。一切在於「六二」乘剛之故所產生的爲難之處，不失初衷原意，又可登峰再造，需要很長時間規畫統籌，反常與否，隨人解讀。

（一）反常的另類解讀

「十年寒窗無人問，一舉成名天下知」，古之學子爲了功名科舉，花費心血豈止十年歲月。「六二之難」學子爲了功名科舉，憑著堅忍意志和決心，不改初衷，煎熬苦讀數十載。一旦，榜上題名，十年寒窗終有成，一舉成名天下知，不曾往來的親朋好友，爭相攀龍附鳳，一反常態拉關係，才是眞反常呀！「十年乃字，反常也」。

欲成就事業，端視當事者，能否熬得住磨難，堅持理念，不畏艱苦。一些投機份子，喜歡立竿見影，馬上得到成效，無有耐性長期經營，每每經營數日，想擁有好成就，那才是眞反常，「十年乃字，反常也」是對他們的反諷。

成功不在乎短暫困頓，而在乎理念實現，意志力堅持。能力、實力非一時可得須長期攝取吸納消化屯積所得，機會是爲有能力實力者餘留，條件不足實力不夠即便是機會也可能變成危機的開始。站穩現在，不忘初衷，展望未來，三世

一貫面面俱到無有異常，「反常」消弭回歸正常。

🌓 第三爻｜爻辭 六三：即鹿无虞，惟入于林中，君子幾，不如舍，往吝。

「雲雷屯」（☵☳），「六三」陰爻居陽位，內剛主進；外柔主退，以柔持剛，內外不一，進退維谷，心生疑慮、慮惑。疑慮、慮惑其來有由，創業之際，逢此現象，審慎小心。

山中有一群人在打獵，跟著鹿的蹤跡追趕到山林入口，鹿看到人，受到驚嚇飛快跑進濃密樹林裡，瞬間，消失在林中。有人停了下來，有人執意入山林，一些失去驚戒心的獵鹿人，憑著一股傻勁進了無人之境，闖進深不見五指的森林，掉入險境之中迷失方向。過了許久，人影不見一個。外頭的同伴，覺得事態非比尋常，趕緊找人幫忙，結果如何？不得而知。

某些人為了滿足獵鹿的慾望，在不熟悉的山林打獵，忽略危機，是很危險的舉動，如果執意前行，必須請有經驗人員帶領，不致陷入森林中，轉不出來。前車之鑑可為後人之

師，不懂不知的事物，虛心求教，不可莽撞行事，否則，付出的代價會很大，不知、不懂勿惜尊口誠心求教，降低風險就是這個道理。

「即鹿无虞」的「无虞」概意有兩，一為無人帶領；一為無人之境。

藝高膽大少了心細，易掉入自我認定的弊病，膽大過頭促使意識高漲，易生錯覺錯估情勢，看不清事實演變全然，蠻橫以行，武功再高也有手軟時，彈盡力竭就成他人的囊中物，任人宰割。物慾的誘惑常令人追求享受時迷失本性，忘了我是誰？

許多人在追逐物慾的同時，忽略身邊危機，物慾就像飛快的鹿，隨著獵物在濃密森林中東奔西跑，「一心」只知忙著追逐美麗的鹿，忘了山林潛伏危機，掉進慾望深淵，將人推向險境之中，若不能及時醒悟，後悔情事就這樣發生。「鹿」像世間美好事物，沉醉或太過則易玩物喪志，受不了物慾誘惑，迷失心性失去警覺的結果，被美麗毒糖衣外表迷惑，跳進慾望沼澤，身入險境愈陷愈深。

不可為之事，勉強為之，徒增困擾，吃力不討好，惹得一身腥，反而，臉上無光，「君子幾，不如舍，往吝。」該捨則捨，絕不拖泥帶水，才是正確作為。有智慧或有知識的

人，雖是藝高膽大，絕不做出超出能力範圍的情事，碰到新的事物或不熟悉的環境，即便是好機會也會停下腳步，評估風險，權衡實際狀況，能與不能之中做出理性判斷，能則做好配套措施，進；不能則停下，等待機會，絕不硬闖，不讓己陷入險境。

追逐事業、人生或婚姻，切勿被美麗夢想，沖昏頭，自視甚高目空一切，隻身獨行千山，雖是豪氣萬丈，少了心細，疏忽細節，一無所得，險境纏身，千山難行豪氣難再。目空一切易生傲慢，忽略他人感受，孤掌難鳴的窘境就是這樣發生。社會是人群匯聚大熔爐，暗藏凶險在其中，無人點化、無人提攜，只憑著藝高膽大，單槍匹馬勇闖社會叢林，風險在何處？不知；陷井在那裡？不知，事事不知，獵鹿不成反被獵。

「成事在天，謀事在人」，多點心思，吸納智者經驗，不解疑惑不吝求教；弄明白事物究竟，立目標定方向，即便一招半式也能闖江湖，自有目標作先鋒，危機經過點化成智，危機亦能變為轉機，四兩撥千斤亦非不能。

何以「即鹿而无虞」？來自於藝高膽大目空一切，自傲剛愎自用的後果，造成無人可用、無策可獻，以此創業，無幫手；以此過人生，無知己；以此擇婚姻，無良配，君子若遇此人，定當遠而避之，否則，去，敗興而歸，吝，「即鹿

无虞，惟入于林中，君子幾，不如舍，往吝。」。殊不知三個臭皮匠勝過一個諸葛亮，兄弟同心利可斷金，三人行必有我師的至理名言。

(一) 狗熊與俊傑

「明知山有虎，偏向虎山行」，深深瞭解老虎習性，熟悉環境幽暗，明白風險所在，雖有如老虎一般險境在前，做好防患措施，則能泰然以對無有驚恐。怕的是，剛愎自負好勝心態，「沒事、沒事」掛在嘴上，少了危機意識，即便在安詳環境，也會吃虧。追逐事物，不明究理，不願屈就他人，吝於向人請教，仗著傲氣闖天關，不知天關在那裡？也不知風險在那裡？一意孤行，看不到對手，才是最可怕，心中那個我，變成自己最可怕的敵人。

爻象慎重提示，「不知為不知」以律己，眼前，即便看到美麗事物、甜美的果實，無從知曉個中內涵，縱使有千般好處、百般利益，寧可遠離。如若不然，利誘薰心矇住心智，不解意圖執意前往，小心，黑暗中隱藏陷井比吃人老虎還可怕，不止吃掉身軀，連親朋好友也可能被吞噬。

「即鹿无虞，惟入于林中」警示人們，追逐物慾，有所疑慮、疑惑，三思後行，雖有美麗獵物在前方，無人帶領莫要強入叢林，搞不清楚路徑，迷失方向，漸行漸遠，墜入險

境之中，回不了頭，到時，後悔就來不及。

　　企業領導者，擴展事業版圖之際，必須明白所爲何來？切不可似是而非，爲了一句戲言一口氣魄，自以爲是，毫無來由許承諾，莫名奇妙就成了叢林的小白兔，變成人家獵殺的對象，絕不是好玩的遊戲，甚或造成難以彌補的缺憾，絕非樂見之事。

　　己所不能應三思以應對，保得有用之身，戒愼恐懼反覆琢磨，反躬自省缺失與不足，步步爲營，小心爲上。不解之處，謙卑請益，聆聽良師益友教誨，勇於改善缺失，問題不在，無有「无虞」疑惑，又何須愁腸「即鹿无虞」窘境，明與不明，懂或不懂，如人飲水，冷暖自知，絕不逞強以化險爲夷。

　　君子爭長不爭短，時機成熟，逐鹿中原開創事業，只要口氣夠長，天下就是他的。忍一時之氣，退一步海闊天空，留一口氣，元氣續存，何必計較一時。

　　識時務者爲俊傑，深知「君子不入危邦」，知其所不能，處處是危邦，不吝請教，積極充實所不足之知，反觀，有人卻棄而不聞，一無所知逞能闖關，如入危邦之中，「往吝」，狗熊與俊傑的差別就在這裡。

第三爻 **小象辭　象曰：即鹿无虞，以從禽也，君子舍之，往吝，窮也。**

　　山林中暗藏美麗的鹿，如果，不知其境之究竟，又無人帶領執意獵鹿，危險程度可想而知，讓物慾牽著鼻子走，迷失方向誤入歧途，走到凶險的一端，造成獵鹿不成反被獵的對象，就不妙。主導權的流失以致愈陷愈深，步入險境的那一端，不見其出的情景，比比皆是，亦是成功者少、失敗者多的原因。

　　人生旅途，有高低有起伏，偶爾遇到能力所不及，不吝求教多聆聽善言，總是好的。君子之所以舍之，因不懂而舍之，「舍之」非不作為，反而謙卑請益，不恥下問，「知之為知之，不知為不知，是知也」，知己所不能，充實以補不足，化不知為知之，等待機會，伺時而動。機會來臨，知其能，進；知其不能，退，通權達變靈活運用，自無「吝」可言。

　　人之所以有困境，意識使然，慣用主觀意識否定客觀條件，忽略進退之道（甚或不知進退之道為何？），易受幻象誘惑，扮豬吃老虎的戲碼如是上場，被牽引至非正道絕境遊走，「即鹿无虞，以從禽也」，失去主導權優勢，無法掌控局面，步入窮途末路境地，不只是面子、裡子掛不住的「吝」，甚至「窮」的一無所有。

有時候，要懂得放下，真的放下，放下自以為是的身段，不懂就是不懂，不知就是不知，不要打腫臉充胖子，創業謀事，最要緊的是誠實面對自己，知能與不能，知該與不該。

(一)防止危機的妙藥

某公司準備招聘職員，篩選後，有六人得到面試的資格。公司人事部主任通告他們，主考官要單獨面試。六位一個接一個走進面試廳應試，主考官熱情地站起來面對每一個應試人員說：

「是你？你是···」主考官快步走到她們面前，一一握手，之後，在會議室進行單獨面試。話頭語都是同一句：

「原來是你！我找你找了好苦。」主考官表現出一臉驚喜表情，爾後，激動轉過身面對在座的另幾位人事人員說道：

「先生們，向你們介紹一下，這位就是故人的女兒，請多多包涵。」

一樣的劇本同樣的戲碼延續到了第六位，之前，每一位應試人員都聽到類似如下這些話語，第六位小姐的心狂跳不

已，還沒來得及說話，主考官就將她拉到身邊，說道：

「唉呀！妳可真像妳父親，一時的疏忽，忘了拜訪令尊。真抱歉，我只顧著事業，沒來得及登門造訪，請勿見怪。」她努力抑制住情緒，說道：

「很抱歉，考官大人。我以前從未見過您。」主考官又拉住她的手，瞟了她的手一眼，隨後又說道：

「你忘記了嗎？妳小時候，手上還有胎記。那個人，是你，沒錯呀！」主考官一臉的自信，讓人看不出破綻。但，她，站了起來，說道：

「考官大人，您弄錯了。我手上的確有顆胎記，但，那個人，絕不是我，您認錯人了。」主考官看了看她的表情。忽然，笑了：

「好了，就是妳。我決定：錄取妳。」

幾天後，她成了這家公司的職員，偶然間，有個機會與人事主任閒聊時，問道：

「主考官大人找到故人的女兒了嗎？」人事主任大笑了起來：

「有啊？有五位故人的女兒被淘汰了。其實，他從來沒有來過此處，那來的故人在這裡。」

此時，她瞭解自己，除實力以外，還是憑著誠實的態度，被錄取的。處在陌生環境裡，無人提領狀況下，誠實是最好的應對方式，不因外界干擾失去自我，不因利益犧牲誠信的主體意識。

舉凡問題或事業，誠實態度對自己，不知爲不知，沒有就是沒有，絕不無中生有，誘惑無由入侵，而能不受幻境誘導。

故事中的另外五位，因失去誠信原則，以致被主考官議題誘導，「即鹿无虞，以從禽也」的結果，落選。無欲則剛，誠實是防止陷入危機幻境的妙藥，創業謀事又首重誠實，記住，人事關係只能帶來一時之利，不牢靠，「君子舍之」。

事態發展如何，況且不論，能夠坦然面對自我，知能與不能，一切從實，不致受到誘惑成了誤入叢林的小白兔，成爲別人追獵的對象，「往吝，窮也。」誠實面對事實衍變，三思而行，探究事理，發掘細節，控制事物源頭，不致「即鹿无虞」誤入歧途，更不致無故受人牽引「以從禽」。

心有定見無由受人左右、任人擺佈，困惑自消；「舍與不舍」取決知的能力多寡作準則；無強求則無有得失，「吝、窮」適時變通則不復纏身。

☯ 第四爻｜爻辭 六四：乘馬班如，求婚媾，往吉，无不利。

「雲雷屯」（☵☳），「六二」，也有「乘馬班如」，乘馬原地打轉，兩者所處的位置不同，意義就有差異。一是「匪寇婚媾」；一是「求婚媾」，雖然都是婚媾，卻是兩樣情。一是情之所牽，「磐桓」不進（指六二），停留在外力情勢變化，尚未定局，若有所思等待機會；一是雙方互有中意（六四），心有所屬，發之於情，止乎於禮，主動前往求親，願與之結緣，兩種不同的心境。

「六四」與「六二」，因時空的變遷，某些情景似乎雷同卻有差異，靈性溝通觸動心境感受，男大當婚女大當嫁乃人生大事，男女情投意合心靈默許，一旦，論及婚嫁，雙方善意溝通獲得允諾達成協議，前往求親締結美好姻緣，才不會有不利因素干擾。

男方如約準備提親，馬隊列陣整裝待發，臨行前巡視聘

禮，吉時一到，前往女方家依約提親，按照婚媾禮數規矩，完成提親事宜，无有擔擱順利就緒，「乘馬班如，求婚媾，往吉，无不利。」

(一)互惠原則創造雙贏

男女交往，情投意合，接下來就是論及婚嫁，結婚。談到結婚，除特殊情形，一般而言，結婚還是有其漸近程序，不論是訂婚、結婚分開辦理或訂婚、結婚同時辦理，按照正常風俗必須由男方提親，請媒人居中周旋其中，完善提親程序前置作業及結婚時的統籌作業（如聘金、聘禮、結婚應備禮數及宴客等等程序的溝通、整合），雖然結婚內含繁雜程序，但心情卻是喜悅、快樂的，「求婚媾，往吉，無不利。」

創業求取人才結交朋友，就要像求婚媾的心情，面對事物的一切，不論是偶遇、巧遇，當以慎重態度，作好迎接人才、朋友進門前置作業，如此前往讓對方感受到尊重，吉祥如意接受禮聘，才不會造成唐突失禮於人的不利作為，「求婚媾，往吉，无不利。」

舉凡時代變遷，商業經營模式，不同於以往，單打獨鬥經營模式已漸式微，取而代之的是策略聯盟整合（今是如

此，以後衍化不得而知）。聯盟的目的是爲了因應市場需求，串聯多元化產品與之互補，以達到雙方能從策略聯盟之中，謀取各自最大的利益爲取向。

聯盟必須在互惠原則之下進行協調，就各自利益談到雙方滿意符合預期爲止，才有聯盟整合成立的可能性（亦如求婚媾，磋商到雙方都能接納提親程序，才能如願結爲好親家一般）。一旦達成共識，雙方必須按照約定事項，簽署合作事宜，擬定策略啓動運作機制，前往市場打造榮景。

第四爻　小象辭　象曰：求而往，明也。

「六四」之所求者「初九」是也；「六四」之所往者「九五」是也。「求婚媾」言之，男友必須先求得女友同意，願結爲夫妻，事情並沒有結束，接著必須前往父母長輩們處所得到他們的首肯，目的在一個「明」，「明」正典範，依禮而行，節而有制，符合禮節體制，有條不紊進行統籌婚禮事宜。

有人會說，只要男女雙方小倆口同意就好，來個公證結婚，又何須勞駕雙方父母長輩們。話雖是不錯，不過不要忘了，「法律」規定是合法，但，未經過父母長輩們的同意，習俗說法是行不通的，「私奔」兩字總有些遺憾，不是嗎？

換個角度來思索這個問題，來得更明確，企業生意往來，彼此雙方總要有個承諾或契約合同簽署吧！若是雙方業務人員，私下授受卻沒有經過企業主或公司的首肯、同意，一旦發生事情，絕不是一個小問題。

沒有經過上層同意之事務，等於是未經過公開透明方式處理，出問題時，當事者必須擔當一切行政責任，若牽連到「利益」關係，甚或背上「利益」輸送罪名，那才是大事。

至聖先師孔子所云：「求而往，明也。」意長心重告訴當事者，莫要輕忽這個「明」字，「明」正典範，依禮而行，節而有制，符合禮節體制，往往在重要時刻，可能成為往後的救命錦囊。

☯ 第五爻｜爻辭 九五：屯其膏，小貞吉，大貞凶。

「雲雷屯」（☵☳），「九五」陽爻居陽位得正位，上卦之中，中正公平之意涵。「屯其膏」屯其民脂民膏，國家言之為「稅收」；企業經營者言之為「營收」。「小貞吉，大貞凶。」則是引述「稅收」或「營收」的統籌分配合宜與否（以今言之，統籌分配財政收支劃分原則），關係到整體

結果的「吉、凶」之道。

(一) 得之於民，用之於民。

　　專制的君權時代，很多的言語或文字不被允許，只好隱喻在文辭中，由人自悟，如若不然，一旦，冠上莫須有的罪名讓人吃不消，沒完沒了。時代變了，言論的開放文化的開明，甚多的文辭隱喻或影射內容，得以重現加以闡釋，還原隱喻的內涵，雖說沒一定的標準，達意就好。

　　「屯其膏」，隱喻或影射爲民脂民膏，屯積民脂民膏又爲何意？以今之話語，就是人民上繳的賦稅，賦稅善用與否，關係民生的福祉。人之所以不平，「不患寡而患不均」。賦稅抽取多少是一回事，重要是「九五」能否貞守「公平中正」態度，關係著「賦稅」統籌分配的「公平正義」原則。

　　民脂民膏在不「屯」狀態，「九五」若能以「得之於民，用之於民」，創造有利於民生措施，「雖小」而寡，讓民衆感受到上層的德政，因而獲得民衆愛戴擁護，當然「吉」，「小貞吉」；反之，賦稅多而「大」，「九五」未能貞守「公平中正」態度，一切只是爲了私欲，不將賦稅當一回事，利用一些莫明公共議題作爲「牟利」之實，奢侈浪

費民眾上繳的民脂民膏，一旦露光，必遭眾怨失去眾心，造成社會動盪，引來不安禍端而致於「凶」險的境地，「大貞凶」。

民脂民膏之所以會出問題在「屯」，既「屯」其膏，表示著「九五」「公平中正」態度，是有疑慮的，畢竟，歷朝歷代居「九五」之位，能秉「公平中正」者少矣！故而以「屯」字警示，回溯歷史周文王所處時代背景，不難看出他所以用「屯」字之深意，不過話說回來，沿古至今，似乎也是如此，不是嗎？

身居「九五」尊位，小圈子裡講「公平中正」統籌分配，獲利的竟是少數擁有權力及既得利益者，「小貞吉」，這是針對「小貞吉」深層闡釋剖析；大眾上繳賦稅為「九五」所屯，作為滿足私欲籌碼，受害的竟是多數誠實繳稅者，「大貞凶」。這段文辭用正反兩面闡釋，會來得容易理解。

第五爻　小象辭　象曰：屯其膏，施未光也。

「民脂民膏」有所「屯」，基本上告訴我們什麼呢？身居「九五」尊位，因「私心、私欲」作祟，忘了本應「居位以正、處事以中」的原則，「屯其膏」以為私納之用，施惠

澤及範圍止於身邊親信好友，「屯其膏，施未光也」。

身居屯卦「九五」領導者，欲成就天下大事之人，格局要大，且要廣施恩澤於眾，獲得人心擁護愛戴，風雲湧現乘勢而起，成就豐功偉業，皆因不「屯其膏」，恩澤普施大眾，有福同享，換來的是大眾願與之「有難同當」，眾志成城，成就天下大事。

「屯其膏」，捨不得好處給人，非成功立業根本，滿足私欲得到好處，卻破壞整體規畫，「因小失大」滿足「權力、財富」欲望，卻失去偌大人心，對居「九五」尊位者而言，「得民心者昌，失民心者亡」，是創業者得不償失的大事。

居「九五」尊位領導者們，為了滿足私人利益，緊守福澤未能廣施於眾，欲獲群臣或部屬們的忠心，恐怕難。領導者的恩澤被私欲覆蓋，捨不得分享，擺久冷卻屯積成膏（已經不是民脂民膏的問題，而是心涼半截病入膏肓），讓底下部屬體會不到熱誠，感受不到恩澤溫暖，向心力每況愈下，弊端禍害逐日萌芽，似乎快到沒得救的境地，那才可怕。

身居屯卦「九五」領導者本著公平中正原則，廣施善緣恩澤眾人，關懷民生灌溉蒼生，眾人銘感腑內，有志一同，

上下一心，與之共襄盛舉，臻於「人盡其才，物盡其用，貨
暢其流」國度，成為人人敬仰好領袖、尊崇好領導，流傳
青史，皆因大公無私偉大襟懷，善用「取之於民，用之於
民」，普施恩澤及於天下蒼生，破除「施未明」魔咒，「屯
其膏」無從生起，在於屯卦「九五」領導者，唯心之「公平
中正」原則及於大眾。

☯ 第六爻　｜　爻辭　上六：乘馬班如，泣血漣如。

「雲雷屯」（☵☳），「上六」屯卦之終，陰居陰柔
之位，創業已到極限，內憂柔、外寡斷，進無可進，退而無
路，面臨轉折，無有明確目標，造成內心矛盾，進退維谷，
不知所措，宛如心在哭泣、心在滴血，之所以如此，屯於現
狀，宛如乘馬在原地轉，不復精進之故。

　　人生何須處處懸，有始有終有來有回，波濤一波接一
波，高低起伏本有常，沒有永遠的高峰，也沒有永遠的低
潮，存乎一心之使然。高處不勝寒，高高在上，讓人望之卻
步，身分地位高又如何？脫掉外衣名號稱呼，不就是靠人堆
砌出來的平凡人，名分暫時掛在那裡而已，何必單戀短暫的
財富名位。退一步看開了，放下了，還有更多的機會與人生

目標，等著追求綻放。

世界與未來，永遠是終而未終的循環，有追逐不完的理想，屯積不完的人生歷練。放下狹窄私慾，天地是寬廣的，人生壯舉不會只有一次，次次歷練，反而帶來一波波疊起高潮，砌起更高的另一人生境界。

屯之終的到來，雖是結束的末端，卻也是另一高峰的起端，一峰還有一峰，「放下」才有另一峰崛起，「提起」才有激起另一峰的壯志湧現，豁達心境看世態，柳暗花明又一村，「泣血漣如」情景不見了，看到的是另一個充滿熱情活力的人生佳境。

(一)破除優柔寡斷的魔咒

不禁一番寒徹骨，那來梅花撲鼻香，次次的試煉，撲向人來的氣息更醇香，想出頭，就要付出心血與努力。世間沒有絕對的死路，也沒有絕對的活路，在乎一心的轉化，不妨，退一步海闊天空，挪出轉環空間，蟄伏以屯，先蹲後跳的動能，衝勁變得更大。面臨重大抉擇，以積極態度另闢活水泉源，屯其所能再求發展，絕處逢生再造新局，才能創出另一番天地來。

很多事情，不是不能決斷，而是沒有轉圜的空間可以決斷，以致懸在半空中，上下不得，只有放下，多的餘留空間，才能解除優柔寡斷的魔咒。總之，「屯之去，屯之來」自然循環規律，問題解決了又有新的問題出現，能量消耗殆盡時又有新的能量注入，無所停留生生不息造就另一新的契機。

第六爻　小象辭　象曰：泣血漣如，何可長也。

「泣血漣如」來自咎由自取為多，將事情繃得緊緊的死抓不放，不留餘地空間，連個縫隙都不給，就是想幫也沒有多餘空間施以援手，機會來了，也會悄悄從旁溜走。

放不下太高的氣焰與過低的鬱悶，讓人看不見也聽不到任何建議，兩旁的眉頭擠在一塊，給人一種感覺，心有千千結，何苦?有事好商量，沒有不能解決的死結，只有打不開的心房。不妨放開心胸，拋棄莫名的「尊嚴與成見」，撤除封閉枷鎖，留個喘息餘地給自己，從失望中找到光明火種，「柳暗花明又一村」中，走出一條道路來，問題不再惡化，心思糾結也逐一化解，泣血漣如隨日消散，「泣血漣如，何可長也。」

(一)路是人走出來的

　　路沒有永遠的盡頭，事情沒有絕對不變的道理，窮到了極限，就是要變，「窮則變，變則通，通則久」，儘速轉化觀念打破僵局，利用餘思創造另一空間與出路，才是解決之道。遇到難以抉擇的困境，積極爭取時效轉化心境、改變作法，趁早走出心裡糾纏，重新出發。

　　路是人走出來的，有所不能又難以抉擇之時，放下身段，不恥下問，畢竟，天無絕人之路。世上沒有絕對阻礙，也沒有永遠走不通的路，路是走出來的，方法是想出來的，存乎一心之造化。

　　事與願違，雖然，帶來「泣血漣如」般心理壓力，卻是讓人蛻變成長的力量，以退為進屯其所能，春天不會只有一次，今年過的，明年還會再來，該變的時候還是要變，重整旗鼓，重新出發，等待明年的春天到來，有更美好的世界等待綻放。

第肆卦

山水蒙　艮上坎下

第肆卦

山水蒙 艮上坎下

第一章 | 卦辭 彖辭

第一節 卦辭

> 蒙，亨。匪我求童蒙，童蒙求我。
> 初筮告，再三瀆，瀆則不告，利貞。

(一)蒙，亨。

　　山水蒙（☶☵），上艮下坎。艮為山，「止」是艮之卦德；坎為水，「險」是坎之卦德。山下有水，水上有山，互相輝映。山下山澗水氣煙霧瀰漫山谷，形成虛無渺茫與朦朧情景，前有高山阻隔，後有水險遮蔽視野，不知身在何處，難以分辨方向，一臉愚昧無知、懵懂茫然不知怎麼辦？好不容易遇到救兵指點迷津，頓時清醒知其所應為，那就是「蒙。亨」，不知而後知之，先蒙後亨。

聰明與愚昧一線間，解開迷思，了然事物脈絡，知所該做的事，就是聰明人。人，不怕愚昧，就怕愚昧不肯就教、學習，不曾試圖打開愚昧，一直處在蒙蔽狀態，迷糊過日子變無知者，有如雞同鴨講，聽不懂也看不懂，怎麼辦？

努力學習教育自我是破除愚昧的方法，跟隨有識之士用心學習，真心求教打開迷思，學習中吸收知識提升智能，一點通萬點通，看得遠也視得清，「蒙，亨」先蒙後亨，用心學習求上進，積累學習，打破愚昧，走出一條知識大道，邁向聰明之途，成爲仁者、智者。

(二)一片迷惘「蒙」，解開迷惑「亨」。

渾沌世界，瀰漫著無知的迷惘，腦海一片迷惘如入迷霧之中，張開眼看不清景象，摸不著心裡究竟，事不清源不明，就是「蒙」，心眼被蒙上陰影，看不透真相爲何？

迷霧（迷思）重重掩蓋人生未來，一片茫茫然，愈往高處攀登迷霧（迷思）愈濃密，愈是高傲愈不明。登上事業高峰的某些人，以爲登上人生高峰，忘了登峰造極之後，一山還有一山高，忘了，一峰還有一峰，忘了我是誰，那就是「蒙」。眼睛只往上瞧，忘了向下望，忘了登高必自卑的道理。

人生旅途步步險、步步難，險之將來，由卑至高漸升，不妨，高瞻足下，回顧，曾經走過的路，從過往蹤跡理出脈絡，用謙卑誠摯的心，高瞻遠慮看待未來，滌洗心靈，淨化心智，破除愚昧，去「蒙」後「亨」，築出一條康莊大道，完善理想的實踐。

　　每一次迷惑解開，是因擁有飽滿的「知識與學問」為智慧泉源，就如山泉浸潤心海洗滌心靈，去「蒙」成智而能「亨」通，「知識」洗禮讓人解開不解迷惑，「學問」深厚讓人明亮心眼，去「蒙」為「亨」淨化心智，增長智慧，使人看得更高、更遠，解除迷思中的疑惑，然，「知識與學問」來自教育春風化雨，沐浴心智以成「慧」，滋潤人生旅程點滴的人生價值觀。

(三)匪我求童蒙，童蒙求我。

　　有位學生給他的老師通電話：

　　「老師您有空嗎？我有事情向您請教，不知老師，您方便嗎？」老師問他：

　　「事情很重要嗎？」學生停了一下，然後說：

「是的，最近我想轉系，不知可不可以？」老師又問道：

「你想轉系，有特別的理由嗎？」

「沒有，看到同學紛紛轉系，心裡總是忐忑不安。」

「你打算轉什麼科系。」

「我也不知道。」老師對他說：

「做任何事情，千萬不可一問三不知，因為不知，誰也沒有辦法提供意見。因此，做什麼事先問自己，為什麼？心不動、腦袋不轉，這樣子是不行的」。

「記住，做事之前，花點時間問問自己想做什麼？應該準備什麼資料？其他不懂的，再來提問。」

無心問事或求學問的態度，就算老師有心教導，也不知從何著手，根本不知受教者，問題在那裡，也無從教起。

為師者，最怕看似沒有問題的學生，沒有問題的問題才是大麻煩。看待事情不用心，閉口不談才最糟糕，因無心找不到問題之所在，要人家一一的提問，有問題的人反而要人

問，顛倒本末，「匪我求童蒙」的情景就是如此。

「童蒙求我」的情境，問得少就教得少，問得多就教得多，主動好學的同學，當然耳，老師樂意傾囊相授。有如在廟，鳴鐘的鳴聲，扣的力道小；鳴聲小，扣的力道大；鳴聲就大，不斷地扣其大小鳴心志，不但，累積知識增長智慧，更加速學習的進度，達到「蒙亨」的境地。

(四)內在潛能在於眞心自發

用千叮嚀萬囑咐方式，拜託小孩受教育讀書，這種想法不是正確的。接受教育吸收知識，絕不能夠用拜託心態，必須由孩子自發性學習，才是正確的。爲人父母，千萬記住，不要讓子女誤認爲上學受教育是爲了父母，這個觀念，若不及早糾正，難免遺憾。

記得，友人的一個孩子，每天，上課都心不在焉，下課急忙趕回家，電視爲伴、漫畫爲伍，搞不清楚到底爲何而上學？只知是父母逼他學、迫他讀，這是不正確的認知心態。

直到某一天，與他最要好的同學，突然失蹤，原來是同學的父親，因不諳法律，大字又不識兩個，替人作保，弄得家當全沒了，夜裡帶著家眷捲逃。

　　這事件衝擊了他，老師利用課後機會教育，對他進行個別輔導，且一再對他強調知識的重要性，至此，激發他的求知欲望。從此，他不再沉醉於電視和漫畫書，每天，自發性利用時間溫習課業，成績由最後幾名，擠到班上前幾名。

　　父母親，這回，真的對他放心，由於真心使然，自發性的求知欲望，讓老師頭痛的學生成了好學生，這種出於真心自發，自願求知的精神，正是蒙卦卦辭「匪我求童蒙，童蒙求我。」的寫照。自我啓蒙，激起學習意願，經過老師指點，活化學識爲新知，激發潛能爆發力，成就智慧造化新的人生觀，「蒙亨」也。

(五)初筮告，再三瀆，瀆則不告，利貞。

　　有疑問或難題求教於人，是對的，不過，求教的態度很重要，求教之前應有個「爲什麼」？才能如實獲得圓滿的回應與答覆，「志應也」。真心誠意求教老師，因問者誠摯，老師願意告知，而能達到事半功倍的學習效果。如果，求教者，根本不用心思，無地放肆，少了真心，看到什麼就問什麼，剛開始，老師會告訴他，「初筮告」；接二連三地不知所問，漫無目的，教了也是白教，孺子不可教，「再三瀆。瀆則不告。」就沒有必要再浪費口舌。

　　有問題請教老師，應該用誠摯的心請教才對，怎麼反過來，要讓老師用懇請的姿態求學生提問問題，這是不合常理的。學生遇到學業知識的困惑，應將不了解的部分提出來，用尊師重道的態度，誠摯求教於老師，「利貞」也，老師則以啟蒙方式，誘導學生解答問題，建立老師、學生們都有一個良好教學、學習的環境。

　　求神問卜首重「心誠」原則，「利貞」也。如果，心不誠，連所問何事都不知，神明怎麼會知道，又如何「靈」？何況信眾這麼多，他老人家也沒時間，跟著耗，自個兒玩吧！

　　有些人求神問卜，很是奇怪！如果，答案不合心願，反覆再三非要得個「吉」字，不然就沒完沒了，不肯罷手。這種要不得的態度就是對神靈的褻瀆，不虔誠。第一次給些什麼了，算給面子，如果，還是迷迷糊糊用不知所云的東西請示，後頭包······，懶得再理了。

　　不論請教學問亦或求神問卜，必須秉持虔誠，虛心接受教誨，心誠則靈，才能深刻領悟教者、神明教誨的心靈內涵。如若不然，神明跑了，老師不見了，向誰去求、去問，「再三瀆。瀆則不告。」

第二節　彖辭

　　彖曰：蒙，山下有險。險而止，蒙。蒙亨，以亨行時中也。匪我求童蒙，童蒙求我，志應也。初筮告，以剛中也。再三瀆，瀆則不告，瀆蒙也。蒙以養正。聖功也。

　　第一個「蒙」，乃是蒙卦（☶☵），上卦爲艮，意象爲山、爲止；下卦爲坎，意象爲水、爲險。「智、愚」似乎與聰明沒有絕對關連，看似聰明人，做起事卻是錯誤百出，問他爲什麼？道不出所以然，那就是「蒙」。

　　「山下有險」寓意山下有水，「險而止」水因山在前阻擋而止。山下止水之險，意在吸收消化釋放之間，成就水之勢、山之志，是智慧、是決心，由人自悟，各有其通天大道。

　　智者樂山，仁者樂水，智者知道登高必自卑始於足下的道理，人往高處爬，水往低處流，看到山下有泉水，就像底下人心的流動溢出，水能載舟亦能覆舟，「蒙，山下有險。」服眾人之心成就仁者之心爲之智者，降服不平之氣，而能防止覆舟之險，「險而止，蒙。」

　　人之蒙昧是心使然，心眼蒙塵事不明、理不清，唯有勤於擦拭心眼去蒙垢，爲之高風亮節志向以立，天聽自我民

聽，去除蒙昧折服眾心，去除蒙昧爲智切中心眼，通天之大
道爲依，與時俱行以亨通天下之大行，「蒙亨，以亨行時中
也。」

(一)明心見性

　　看不清事實，想不透問題究竟，就是「蒙」，如何改善
呢？面對事實可能發生變數，像登山一樣事先瞭解路徑狀
況，登高必自卑始於足下，過山涉水心存危險意識，做好風
險控制，防止風險意外發生，停、看、聽環顧足下周遭，區
分「危險與安全」區域分際，阻止危險情事發生，「山下有
險，險而止。」

　　凡事，遭遇不清不透的問題，必須停下腳步，全盤了解
事態變化，依循歷史軌跡爲經驗法則，透過學習通曉義理，
去除愚昧於不愚之時，從「蒙」到「蒙亨」，隨時機之成，
切入問題之中，解決問題，「蒙，蒙亨。以亨行時中也。」

　　人，總不能「蒙」一世糊塗過一生，這不是好的人生，
應該想辦法解決「蒙」的問題，遭遇不通、不解之際，心如
止水暫時沉澱，將問題就在此打住。進德修業，修持律己，
「心清自若見本質，明心見性現眞相」，智慧之生以解愚昧
之「蒙」，「蒙」而不「蒙」，通而後亨，事事清明，時行
時止，隨意而行，「蒙，山下有險，險而止。蒙，蒙亨。」

明心見性知水流之險，深解「動中有靜，靜中有動」應用之
妙，應時之中隨意亨行，解決問題於全然，「以亨行時中
也。」

(二)「窮，窮不過三代；富，富不過三代。」

　　「窮，窮不過三代；富，富不過三代。」，是一句警示
與鼓勵的諺語，願不願改變現狀，取決於「蒙」與「蒙亨」
的選擇，蒙昧的過一生或增長智慧的過一生，兩種差異的過
程，造就不同的人生境遇，唯知識智慧的富足，可扭轉窮一
生或富一生之命運。

　　窮，不可悲，「書中自有黃金屋，書中自有顏如玉」，
一時的窮，不要氣餒，好好從有字書與無字天書，用心學習
填飽知識，有了知識，增長見識，做到「秀才不出門，能知
天下事」飽學之士，穿越時空創造有形、無形財富。

　　書中領悟知識見解，擷取經驗法則與智慧，通了就「蒙
亨」，富的一代，就能看到黃金屋或顏如玉在眼前；不通的
就「蒙」，窮的一代，一問三不知。

　　「窮，窮不過三代」鼓勵世人，只有努力學習解除蒙昧
的滋生，增長見聞累積智慧，一代接一代傳承，不富也難；

富貴人家不圖智慧傳承，只知享樂，智慧蒙蔽，富不過三代是可能的。

致力知識教育的延續，十代百代子孫照常富貴。知識與見解的增長，提升智慧、創新觀念、破除蒙昧，恩澤惠及後代子孫富貴於長久，可以期盼，富貴萬萬年，就是要學習，學習獲得知識至寶，年年益壽，福及子孫。

(三) 真心誠意

人無常師，水無常形，人生歷練本多變，不同時空有不同的面相，沒一定的標準，就是要學習，學而時習之，學習當下應有知識，以應付多變的世局變化。人生非全能，總有缺憾不足，歷練難免有挫折風險，學習以補缺憾不足，提升避開風險的能力，以智慧破除愚昧的迷思。

開啓智慧沒有一定的老師，自發性的開啓勝過千百名師，亦是學生亦是老師，無師自通，自己做自己的老師，自己做自己的學生，積極學習主動追擊迷思，捫心自問，那些是我不能，己所不足積極涉獵，而後自答，答在問中完善自我，「匪我求童蒙，童蒙求我，志應也。」

本著真心提問，本著誠意解答，悟的是真知灼見。老師

帶入門，修行靠自己，非老師不將絕活傳承，「畫虎畫皮難畫骨」呀！是知識智慧亦或是沉疴垃圾，深層的那一面無人可代、無人可取，唯心自悟。

　　有狀元弟子不一定有狀元老師，同樣的書同個老師，教出來的卻是不同程度的學生，不是老師偏心，也不是不用心教學，事實結果是「心所願與非所願」求教心態，真心誠意求教事半功倍，反之則不然。

　　用心學習努力吸收的同學，功課就是高人一等，告訴學生，多一分耕耘多一分收穫。每一個學習過程都要用心，因用心知其所不知，瞭解問題在那裡，直指問題提問，老師也願以誠摯態度，解答問題，「初筮告。以剛中也。」

　　做一個好學生，真心學習用心功課，做一個好老師，知心教導（知學生所需），真心、知心教學相長，學生課業進步，也提升學校文化素質。

　　最傷腦筋的是不用心的學生，上課不專心，老師在上頭講課，他們心裡嘀咕的說，怎麼還不下課？上課老惦記下課的鈴聲，心不在焉。隨堂考試，一問三不知，不會還是不會，沒辦法，只好想想其他的辦法，結果還是沒辦法？怎麼辦，算了，只好放棄，「再三瀆，瀆則不告，瀆蒙也」。老師不想浪費時間，不如多花點時間在用功的同學身上，造就

人才福澤社會來得有意義，「蒙以養正。聖功也。」

(四)不要開玩笑

昔之，阿斗，大好江山在他手中，心不在焉，不求充實從不用心學習治國之道，縱使諸葛孔明一代軍師全力輔佐，因無心理政無心請教，一個不用心的主子，累死軍師，最後，江山不見了，眞是拿江山開玩笑。

世上，難能有如諸葛孔明的忠心與耐性，碰到庸才的阿斗再三瀆，仍以告之，可，主子，依然我行我素注重享樂，不當一回事，當耳邊風，無心請教、無心學習，庸才還是庸才，才能不足不打緊，一再迷糊到透頂，有心治事尚有力不從心，況是無心治事才壞事，有心亦如無心人，不從內心徹底覺悟，事過境遷，忘了。試想，遇到有如阿斗之受教者，再好的老師也會豎起白旗，甘敗下風，不玩了。

世上，這種不受教的人可多了，學生不理老師，員工不理老闆，子女不理父母，層出不絕的案例多如牛毛，你講你的，我想我的，根本不當一回事，但是又何奈，不想講，又不得不說，雖言「再三瀆，瀆則不告，瀆蒙也」是名言是道理，但是又何奈，氣死累死就是這樣來的，不得不說，有苦難言，他是至親、是摯友、是事業伙伴，眞無法罷了。當

然，不相干的人，誰願意受此氣焰，敬而遠之為妙！

(五)自討苦吃

　　教者，最討厭的莫過於不懂裝懂的學生，牛頭不對馬嘴、文不對題的請教，想想看，被請教的人心裡做何感想？起初，居於有教無類的情分，告訴他，「初筮告」。愈見離譜，偏離主題愈遠，講了也是白講，懶得再理。

　　心不在焉，態度傲慢，初次，居於人情告之，求教者由於意識形態作祟，聽不進也難以接受教誨，心理抗拒講的再多也無濟於事，最後，懶得理也懶得教誨，心死。受教者，心理不敬，遇到問題不知所然，弄得老師有理說不清，不知如何教起，「再三瀆，瀆則不告，瀆蒙也」，最後，算了，老師揮揮手，拜拜，揚長而去，另請高明吧！當事者還莫明其妙，問題還是沒解決，最後，吃虧的還是當事者，真是自討苦吃。

　　企業經營最注重生產績效，尤其現場生產的從業人員，一再出差錯，主管一再教導，從業人員，仍不肯用心學習，為了減少損失延誤生產進度，不得以的情況下，只好採取請人走路的方式，裁員。

事關飯碗的大事，若不能專注本分之事，上層再三警告，仍心不在焉，仍然我行我素，主管受不了，也懶得理，上報公司，一張裁員通知單予以告之，明天不用來上班，當事人的愚昧不聽勸導，惹了主管難以容忍，只好上報請他走路，玩笑開大了，瀆蒙之故（裝傻不理之故），主管也懶得多說，「再三瀆，瀆則不告，瀆蒙也」。以後，想在這家企業就職，難喔，怕都怕死了，那可能再給機會，記住，凡事，真心對己用心對事，不要拿自己的前途開玩笑，弄丟飯碗得不償失，自討苦吃就是因為不用心，划不來。

(六) 一命二運三風水

教育普及化提升知識水平，文化水準提高，打破無知愚昧的比例，教育是提升知識智慧最有效的方式。教育的好壞足以影響社會整體競爭力，亦是國家生產力與國力的前導，昌隆興盛亦或衰敗頹廢，教育體制健全與否，關係重大。

一命二運三風水，改變命運風水最有效最直接的方式，就是教育。十年樹木百年樹人講的就是教育養成，教育成效好壞不容小覷，好的教育方式能夠增長知識見聞，好的教育環境能夠培育善良風氣，好的教育體制能夠提升國家競爭力。

　　時時的教育，時時的學習，滋長處事待人的智慧，提升解決問題的能力，加強知命的判斷能力，知其所處環境之盛衰，算盡變化過程，而能運籌帷幄，「知命算命而後運命」，決戰千里於不敗，繼往開來扭轉一命二運三風水於寸心，教育功效眞的很大，扭轉命運最佳方式非它莫屬。

　　歷來英雄豪傑成其大事，庇蔭子孫最大的力量是教育。不論，權勢地位多高風水多好，不敵教育良善的長久。

　　古今中外多少歷史皇親貴族，耗費巨額金錢看風水建陵墓，結果，還不是改朝換代，睿智聖賢深知命運在知識的通天大道理，著重於子女教育知識的傳承，不論歷經多少年代，子孫一代比一代強，不因天災人禍而衰敗。

　　聖賢者，深知蒙昧是命運風水的致命傷。唯有教育下一代，培養正確觀念，延續知識的傳承，啓蒙智慧昇華，創造不朽功績事業於千秋百代，造就人才振興社會福澤子孫，良善教育傳承才是正道，「蒙以養正。聖功也。」不問蒼生只問鬼神，不問教育只問命運，非智者所爲。

第二章 大象辭

象曰：山下出泉，蒙，君子果行育德。

蒙卦（☷☵），山下出泉，水的特性由上向下，不論水的品質如何，經過山的吸納、消化、沉澱、過濾等等洗滌過程，湧出的山泉是清淨如鏡。山下出泉引喻「洗滌」省思，不論問題如何混濁不明，經過身體內中（以山喻人之身）心靈洗滌過程，湧現出來的是清晰潔明的思潮、思緒，是一道清徹如山泉般的「智慧」源泉，讓人能夠「明心見性」看待世事，睿智又清晰。

山下湧泉表徵著「智慧」源泉的湧出，剛開始，是一道涓涓細流的山泉，經過無數歲月，則能成就江河大海；智慧無止境的湧出，剛開始，是一道不起眼的小智慧，經過無數歷練積德行成就大智慧，則能福澤蒼生惠及萬物。

「山水蒙」山下湧出甘美清澈的泉水，已經有成果溢出，持之以恆，成就江河大海的實現；去蒙昧開智慧，已經有成果溢出了，持之以恆成就智慧生成。還沒開智慧，又當如何？教育洗禮，進德修業以養德性。

教育的目的，狹義是吸收知識理解見識，廣義則是專心

一致排解愚昧，創造人生價值。凡事皆有源，樹有樹頭，水有水源，事事皆有源頭，萬變不離其中，解決問題須從源頭做起，教育學習，洗滌心靈，去除蒙塵，回歸「明心見性」本源，進德修業，增長智慧以解決問題。教育是為了解決問題，亦是處理事情到圓滿的一種永續工作，是人一生的永續事業。

教育不受時間限制、也不受空間限制，只要想到，隨時自我教育，借著教育使自己成長，使自己成為有知分子，修身養性有所成，變成有學問的人，還可以教育更多的人，為社會為國家培養人才。每一次的開學、啓蒙，造福自己也福澤周邊，己立而立人，己達而達人，言出必行，行必有果，高尚情操培育智慧，成就德行，「蒙，君子果行育德」。

(一)己立而立人，己達而達人。

沒有永遠的老師，也沒有永遠的學生，教育亦是被教育的對象。教育與被教育就如山中有泉，泉擁抱於山，融合與共親密合作，你心中有我，我心中有你，不分彼此相互切磋教學相長，循序漸進擦拭蒙昧，昇華智慧，春風化雨造就人才，成就德行用之於社會。

未來是一個挑戰，不可能結束的挑戰，一場接一場的挑戰，也是一次又一次的教育機會。經過挑戰的洗禮，應該要問，經過挑戰得到什麼？如果，一無所獲，表示這次教育是

失敗的，因爲根本不知道爲什麼要接受這次的挑戰，智慧蒙塵，一點印象都沒有，歷史還會重演。

失敗爲成功之母，失敗者知道每一次的失敗，帶來失敗的經驗，每一次的解脫，經過心靈洗滌，打開蒙昧，愈清楚失敗原因，歷練到最後「蒙昧」排解，進德修業有成，亦是成功到來時，「蒙，君子果行育德」。

知識智慧結晶都是挑戰的成果，挑戰不一定會成功，但，要從挑戰過程抓起經驗，教育自我，昇華智慧，累積成功經驗。成功是無數次教育的結果，「知行合一」如理實踐，他，將會是傳承經驗的好老師，自我教育的成功，才有資格及於他人、教育他人，「己立而立人，己達而達人」。

(二)知行合一

「果行育德」是理想實現的前導，寓教於行的典範。寓教以求知，知而後行，行必有果，反躬修身以成德，教育自我人格情操，完善「己立而立人，己達而達人」素養。

「理想與空想」只是一線之隔，卻有差之毫釐失之千里的分別，進德修業違逆現實觀法、想法，無有「正名」之實，就是空想。沒有名正的作爲，做事無根無據，「名不正，言不順」，道理不通不順，不可能的任務第一就做不來

了，那來的第二集、第三集的延續呢？拜師學藝也要有個名堂，不知學那一項，學到後來什麼都不是。

修道也要知道在修什麼道，只是呆坐在那裡，坐到全身發熱直冒汗，腦海靈光乍現，忽然來個騰雲駕霧的四方諸神，連叫什麼名號都不知道，以爲是十方諸神由天而降，不知是燈火光還是靈光乍現，上頭電燈泡幾百燭光，刺得眼睛差一點張不開，以爲腦海閃出發光圖騰，就可以修成正果，才是一件大怪事！

四方諸神看蒼生這些門徒，坐得滿辛苦，坐到流汗，好吧！丟個訊息給他們，結果，猜的老半天，不知所以然，諸神看的看，自語說道：「什麼都不知，如何以行。」門徒們盡空想一些有的沒有的，給了一點靈，卻達不到半點教育效果，諸神只好搖搖頭，隨即飄然而去。

理想與空想不同的地方，理想不會靜靜坐在那裡，什麼都不做，同樣流汗意思不一樣。理想是一邊想一邊做，又一邊做一邊想，「知行合一」，從歷練中解決問題，克服困難，逐步實現理想。

天下沒有一出世就什麼都會，透過學習過程，教育自我、自我教育，什麼是我會我能，學習中體驗想法與做法的互相輝印，寓教於行修養本性，活化知識成就事業，做一個

讓人尊重的賢者，這就是「果行育德」的精神。「行而知，知而行」交互應用，「理念與實踐」完善結合，讀萬卷書行萬里路，相互印證教學相長，造化源而不斷的甘泉智慧，深化「知行合一」觀念，完善君子德行。

(三)山水畫

一幅山水畫，氣勢磅薄懸掛在辦公室的正中央，企業主自鳴得意的述說來由，一位頗負名望的地理名師，來到公司門口，拿出羅盤來，看看四面八方，手指一比，就是這個位置，直稱高山聳立穩固大局必能大展鴻圖，眞是高人指點。

過了數年，事業一如往昔，高處不勝寒無啥改變，畫，依舊掛在那裡，心涼了半截。業主再次敦請名師登門指點，高人宣稱格局小了一點，再換一幅更大有氣勢的「半壁江山」，結果，花了大錢，事業像那一幅畫，「江山眞的少一半」。

山水畫在點化企業主，做任何決策要如山一般靜靜的沉思過濾，事業要細水長流細心經營，不是當靠山用的，也不是生錢水用的。山水畫也提醒當事者，吸收知識像水一樣，川川不息求智慧，又如站在山頂高處，高瞻遠慮看世事，看得遠、看得高、看得清、看得明，求學問，學問自然有進步；求事業，事業自然順利。

　　若是每個企業主都掛一幅山水畫，都有了靠山，靠山要找誰；錢水滾滾來，誰付。靠山不是求來的，而是經營來的，最佳的靠山就是本身，本身原本是座山，是一座有靈性的山，福至心靈的大靠山，好好修持心靈，吸收善知識提升智慧，絕對勝過一幅山水畫的靠山錢水，不是嗎？

　　假使，能夠借由山水畫點化，求知識長智慧的美意，那麼，畫裡的靠山就眞成了心靈靠山，這樣的話，這畫就有意義，也是畫這一幅畫者的心意。凡事，不能只注重外表的形象，忽略實質意象的存在，形、意兩面的兼修，是領悟智慧的方法及體驗處事的法則，使人明白事理成就事業的導師。

　　「書中自有黃金屋，書中自有顏如玉」，書是取得學問知識最容易的方式，教育則是消化學問知識最有效的途徑。根據書的記錄體悟賢者的智慧遺跡，用心消化，實際應用，不但能夠增強判斷力，也能夠提高解決事物的能力，縮短奮鬥時效，降低無知帶來的無形消耗，善之又善。

　　領悟書中百寶，活化知識增加見解，言出必行，行必有果，「知行合一」增長智慧，完善德行，不但，可爲己的靠山，甚或做爲他人的靠山，自我教育完善自我，臻化智能以成慧，完善君子「果行育德」高尚情操，做事業，何愁事業不成功；過人生，何愁人生不圓滿，活生生的山水畫，就在眼前做各位的靠山。

第三章｜ 爻辭、小象辭

☯ 第一爻｜ 爻辭 初六：發蒙，利用刑人，用說桎梏，以往，吝。

山水蒙（☶☵），蒙卦裡的第二與上爻，是陽爻，為老師或教者；餘為陰爻，為學生或受教者。「初六」陰爻，在最下方位置闡述老師教育學生的方式。

教育子弟方法要得體，就像抓一隻小鳥，抓得太緊，怕將它壓死，放得太鬆，又怕它飛走，太過緊、太過鬆都不可以，要不然，壓死了、飛走了，小鳥不見了，什麼都沒有。又像審判犯人的法條一樣，法官根據法律條文給予犯人定罪判刑，「利用刑人，用說桎梏」。法律本身沒什麼問題，但是在法理不脫人情義理，太過嚴厲不重人情，太過寬鬆則失義理，法律就在法官自由心證，靈活應用酌以量刑，使其不致「以往」造成「吝」之遺憾情事，「發蒙，利用刑人，用說桎梏，以往，吝。」

教育是神聖的工作，是個人、家庭、社會乃至國家永續事業。身為老師，一個教育人物，進行教育應該瞭解一件事情，教育方法對與不對影響著學習的效果。

有一些老師，照本宣科教學，結果，底下學生聽了老半天，根本不懂老師教些什麼，不知怎麼辦才好？教學方式就像審判犯人一樣，用法律條文陳述犯人犯過的條文，照本宣科只會束縛學生學習興趣，失去靈活性教法，侷限學生的學習空間，填鴨式教學方法，不吻合「發蒙」精神。

有一些老師，拿起課本，天馬行空，講一些跟課本毫無相關的內容，讓學生不知所措。好歹也要照規矩利用教學課綱爲根據，根據學生資質與程度，靈活應用教材實施教育，打開學生思維，使其發揮想像能力，提高學習興趣，創造議題讓學生發揮想像空間，從中發掘問題，應用靈活生動方式，思考問題加以解答，提高學習意願，達到自行「發蒙」目的。

發蒙主要目的是爲了激發學生潛能，觸動學習興趣，提高學習效果，以達到教育目的爲其精神，是爻辭的第一層意涵。

教育機構設的一些條文，校規，針對學生予以鼓勵與糾正的措施，好的要勉勵，壞的要教訓，鼓勵是爲提升學習的善良風氣，處罰是用於告誡，嚇阻學生做出違反學校校規情事。恩威並濟規範須與教育措施，軟硬兼容，以完善教育爲宗旨，這是爻辭的第二層意涵。

(一)忍辱負重的老師

　　愛的教育實施以來，體罰已經不爲家長、社會所接受，老師只要稍嚴厲，保證，檢舉函滿處飛，老師有罪受了。四面八方飛進來批判聲音，家長檢舉、校方約談，輕者給人罵兩句，嚴重的接到提告案件，無中生有的黑函夠老師受的，又不得不理，畢竟，好的學生占多數，只好忍辱負重承受。忍辱是爲了做好教育工作，負重是爲了學生能夠學習到好的知識與做人的道理。

　　規章條文是爲了防止逾越或放任過頭情事，避免過與不及的行爲發生。假使學生違反校規則以管束，根據學生所犯過失的大小予以適當處分，申誡在前，重者記過，再重者留校察看，最嚴重者開除學籍。校方有義務管教學生的行爲，也有權力依懲戒條例管束在學子弟的過失，讓學生明白有些事情不可以做，犯了，必受處分，靈活管束學校活動，亦如社會人士犯了過失，經過法院的判決，該受刑罰就受刑罰，絕不寬待。

　　主事者或教育工作者，有義務將制定規範做說明，讓受教者明白事理條文，瞭解該做與不該做的分際，讓當事者知道對錯防患於未然，知所警惕。「利用刑人」就像學校校規、工廠廠規，作爲約束、管教學生或員工的規範，使學生或員工畏懼，知其警惕，不敢胡作非爲，不致像脫去腳鐐野

馬，到處奔馳不受管教，「用說桎梏」；否則，一旦，過
頭，想要約束就難了，「以往，吝。」

(二) 愛之足以害之

父母因為工作忙碌疏忽孩子的管教，子弟在校接受師長
管教與教導，本是理所當然。但是有些家長為了小孩犯錯，
不問孩子過失，反而質問老師的不是，聽孩子言語起哄，直
接找師長理論，讓老師感覺莫名其妙，心想，怎麼會這樣？
好生為難。其實，受害最大的還是孩子，家長無理情況下，
無端問罪，以後，誰敢管教這種學生，想想，還是不理為
妙，免得受到責難，反而造成孩子人格扭曲。

孩子犯錯理應懲處教訓，家長怎麼可以站在錯誤的一
方，幫忙孩子搧風點火無的放矢，似是而非養成孩子顛倒是
非的觀念，給孩子帶來最壞的錯誤示範，讓童稚留下最壞烙
印，影響他們將來人格成長。到底是為孩子好，還是害了孩
子，仔細想看看，愛之足以害之的情形就是如此。好的教育
救一生，壞的教育誤一生。

孩子犯錯理應機會教育，某些家長不但不加責怪，還到
學校找人理論開脫過錯，錯不罪己放縱孩子的錯誤，勒緊
別人施予教導權責，「用說桎梏」；混淆黑白觀念，少了

是非觀念的判斷。小錯，不當一回事，等到犯了大錯，闖禍了，事情變大了找人關說，家中大老爺，最後沒辦法，怎麼辦？還能怎麼辦，吃牢飯，關了。從小放縱孩子，沒能教育孩子，犯錯，一味呵護，家中大老代為處理，從犯錯變成犯法，釀成禍端，悔之已晚，來不及了，牢裡再見，不勝唏噓，「以往，吝。」

第一爻 　**小象辭　象曰：利用刑人，以正法也。**

　　文辭的闡釋見仁見智，非要每字、每句考據拆解，本來很容易理解的文字，因依文附會反不得其意。

　　有些事情或問題，若直接點破反而得不到效果，若能利用其他說法或做法達到好的效果，是可以被接受，但，須在不傷害主體內涵。記得，有一次，孩子做一件讓人難過的事，考試考得滿江紅，直接點破，他絕對不高興，不點破，心裡難過，想一想，將他叫到面前說他的長處，像你這麼聰明的孩子，如果能夠花一點心思，功課一定有好的成績，這次考試成績單，就交給你母親簽名，下一次再交給我。後來，他真的交出亮麗成績，不覺中，他已是大學畢業服完兵成為社會人。

「利用刑人，以正法也。」「利用刑人」是一個引例，借例子說明教育的方式，強化知識的活化，使受教者能夠舉一反三靈活學習活化知識爲之應用。人在福中要知福惜福，有個學生曾經跟我談過，他還是一個在學的學生，再過二年就要大學畢業，家境不錯，但，對父母的要求，他頗有微言。總覺得父母親付出的不夠，要個東西引來的就是一些說教，雖然他得到東西，心裡總有些不快。接著，我迴避他的論點，用其他的例子點化他。

有不少在學子弟，父母親收入有限，爲了自己學業和家裡經濟考量，利用課餘時間打工賺點生活費用，目的是爲了減低父母的負擔，如果，家裡經濟能力許可，何須如此。今天，你的父母有這種能力，讓你無憂就學，應該要覺得高興幸福，你有更多的時間學習需要的知識，不是很好嗎？

天下父母心，都希望讓子女有好的教育環境，已經擁有的就應該珍惜，有了一個好的開始，是很幸福的事情。之後，很少聽到抱怨的聲音，他比以前成熟也用功多了。利用例子，導正一些想法，得到的效果，不亞於直接的論述，「利用刑人，以正法也。」

(一) 於法有據

「利用刑人，以正法也」，強調爲人處事要有根據，一切依法行正。教育、事業乃至人生，遭遇不明究理，開發智慧，用智慧破解不解蒙昧，接受教育洗禮活化知識、見解，自修或者接受指導。能夠解脫疑惑困難，不偏離主體的任何方式，有助於事情進行的辦法，都是好辦法。

「利用刑人」凡事不能違背「正法」原則，否則會得到處罰，告之受教育者，違反校規必須根據校規予以懲處，目的在於告誡。用愛的教育爲藉口，忽略教育本質傷害的是整個教育體制，於此，應用「明正典型」借喻應用，依法溯本根源，知因何而來，去蒙昧就清明，以正視聽還我本源，「依法行正」樹立典範。

總體言之，自我發蒙者或接受指導發蒙者，提問問題必須於法有據，不能像脫去桎梏的野馬（隱喻）不受拘束，天馬行空不著邊際的雲遊，答非所問似是而非，這不是發蒙者開智慧的正確方法。

學校教育，學生在發蒙之初，老師以教科書爲依據，約束學生在教材範圍內，正本清源闡述事理來龍去脈，幫助學生打下知識基礎，方便授業靈活應用，一旦，發蒙有了演繹基礎，將照本宣科方式擺一邊，應以舉一反三演繹，「知行

合一」教學相長，通曉義理靈活應用，才符合「發蒙」要義。

☯ 第二爻｜爻辭　九二：包蒙吉，納婦吉，子克家。

(一)包蒙吉

　　山水蒙（☵☶），「九二」爲陽爻是教者，以教育言之爲今之老師，是名詞還是實至名歸，差別很大。老師擁有接納學生的氣度，有教無類教導門生，無私授教學業，不因身分而有差別待遇。至聖先師孔子，將畢生所學傾囊相授，展現導師大度胸襟，包容而能春風化雨開啓蒙昧，成就門生的才能、學識，因無私成其私，造就至聖先師孔子的豐功偉業，千古事蹟留傳至今，受人尊崇，不僅是吉還是大吉，「包蒙吉」。

　　很多老師，認爲只要認眞教書，傳授課業交出好的成績單，以爲這樣就是一個好老師，事實不然，這不是「包蒙」定義，只是一個有效率的教書匠而已。老師所以可以稱呼老師，是因爲做到「包蒙」境界，才有資格叫做「老師」，達不到這種標準的只能稱呼教書匠、雕刻匠、繪畫匠等等。

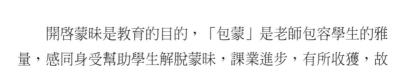

　　開啓蒙昧是教育的目的，「包蒙」是老師包容學生的雅量，感同身受幫助學生解脫蒙昧，課業進步，有所收獲，故而吉，「包蒙吉」。

　　「包蒙」是老師基本的修養，除了課業傳授，發自內心關懷學生，知性激發學生學習興趣，令學生感受教育的好處，從心所願接受教導，享受教育的樂趣，那麼，為師者在教學過程中心情愉悅，學生也會欣悅上課求知識，「教學相長」和樂融融，學生是老師心目中的好子弟，老師是學生心目中尊敬的學校大家長，「包蒙」帶來的信任與信賴，各有所得各有所獲，當然好，「吉」。

(二)納婦吉

　　嫁娶大事不是兒戲，雖然，時代變遷形式有所改變，但，嫁娶大事媒妁之言的精神意義仍在。沿古至今皆然，女子出嫁，慎重而有程序，必須經過媒妁之言往返溝通，經由「納采、問名、納吉、納徵、請期、親迎」六個程序，雙方子女在親人長輩祝福下完成證婚儀式，才算正式完成嫁娶的終身大事。

　　嫁娶大事譬喻教育事業的重要性，教育乃國家大事百年大計，應如娶媳婦般的慎重，磋商到嫁娶雙方欣然接受，一

個歡喜嫁女兒，一個高興娶媳婦，有一套順序漸進的方式，教育同樣也有一套循循善誘的教學方式，完善教育體制。依照教育體系分層次、年齡、資質培育人才，根據學生資質和程度的差異，順序由國小、國中到高中‥‥‥進行階段性的基礎教育。

教育不單是知識授業，心靈教育也是課程重要的一環，教育工作是良心事業，由心出發才有可能做好教育工作，不然美其名是教育事業，說穿的了只是商業行為表相的教育，違背教育宗旨就不好。當然，利用娶媳婦的例子來比喻，主要強調的是程序背後的意義，心靈的結合，不管是自由戀愛或是相親，感情做基礎，情投意合，論及婚姻，說親戚論六禮，按照程序進行婚禮，完成終生大事。

個人、家庭、社會及國家的教導者，假使，關心教育體制的優劣，應該從心裡發出關愛，做出好的決策，像自家兒女婚配嫁娶一樣，將物質與精神兩方面納入考量，盡心盡力規畫教育事業，使其良善發展。

教育好壞，關係國家形象與國民素養，國家所以能夠躍進國際舞台，成為開發國家的主因，就是由基層到上層互相教育、融合與共的成績。一個出色的老師，成功的企業主，稱職的父母，工作要做以外，心靈也要照顧，高瞻遠矚看待事業與心靈結合，重視心靈教育與事業的協調兼顧，順序漸

進，塑造一個健全事業體制，完善教育大業延續發展。

(三)子克家

子承父業是中華文化固有傳統，家庭重擔終有一天會交給子女，家庭是子女受教育的第一處所，毋庸置疑，因此，可以如是說教育種子由家庭開始，家庭是事業傳承與家庭文化延續的單位。教育簡單的目的，是教導生活的基本要件，不單是教子孫吃魚而已，釣魚的技巧一併傳授，子孫才有能力管理一個家，自立自強求生活統籌事業的本事，「子克家」。

教育好壞關係家庭傳承與文化延續的興衰，家庭教育則是齊家、治國、平天下的基礎，生我者父母，我生者子女，一代傳一代傳承教育種子，而有文化果實結晶。家庭教育是教育事業起始，牽動著整個國家、社會文化、經濟乃至於生活的脈動與興衰。

「子克家」的另一層意義，學生對老師的尊重，老師納入在五倫「天、地、君、親、師」之內，地位之崇高可見一般。「一日為師終身為父」，老師視學生如同己出，用關懷子女的愛教育學生，學生尊敬老師真心學習，老師按照齊家、治國、平天下的概念，因材施教依序傳承，由淺入深、

由小至大循循善誘，無私授業，有教無類，教導學生打開蒙昧，解脫疑惑、激發潛能、開發智慧，使他們成爲家庭依靠的力量，國家社會的棟樑。

此爻論及爲師之道，（一）包蒙的雅量、（二）納婦的關懷與（三）子克家的治事能力，這是爲師者應備的修養與條件。包蒙，包容蒙昧者接受教育的權力，是六年、九年或十二年義務教育，依據國家財政與需求制定；納婦，視受教者猶己生子女，有如兒女婚配般審慎，制定適宜教育方式，完善教育的目的；子克家，不單是養大而已，還需要教育子弟生存要件與提升競爭能力。

第二爻　**小象辭　象曰：子克家，剛柔接也。**

子承父業沿襲傳統，由古至今，仍然存在著這個世襲制度，著重於教育子女克承家業精神，於今而言，爲謂「養成教育」。「養成教育」以提升子女能力，使其能夠獨立生存，解決自己問題外，同時肩負起家庭生計問題，「子克家」。

「養成教育」是人生、事業延續發展再造的動力，利用

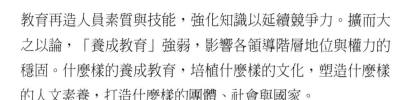

教育再造人員素質與技能，強化知識以延續競爭力。擴而大之以論，「養成教育」強弱，影響各領導階層地位與權力的穩固。什麼樣的養成教育，培植什麼樣的文化，塑造什麼樣的人文素養，打造什麼樣的團體、社會與國家。

「子克家」廣義言之，「九二」陽爻居陰位與「六五」陰爻居陽位，皆不得位（因皆得卦之中，得以剛柔並濟以持中，「剛柔接」完善傳承交接事宜）。

「九二」與「六五」正應，強調一個概念（教學相長的概念，為人師、為人長、或為人君等），從個人的修身到為之師（為己之師或為人之師），教育子女（儲君）承襲父之志（為一家之長、一方之父母官、天下人之至尊），以增其德為之治家、治國之用。故而「剛柔接也」以喻養成教育的傳承大計之重要性。

綜而論之，「九二」陽爻居陰位，以剛中之才居其位，以修身、齊家、治國、平天下循序漸進，任師道之重責大任以包蒙，成教於個人、邦國乃至全天下，「納婦吉」氣度傳承教育養成，完善「子克家」剛柔接養成教育的傳承大計。

☯ 第三爻 │ 爻辭 六三：勿用取女，見金夫，不有躬，无攸利。

　　山水蒙（☶☵），「六三」陰爻居陽位，不得「正」位，六三近於九二遠於上九，意涵為何？

　　蒙卦裡的「九二」與「上九」，是陽爻，為老師或教者；餘為陰爻，因此「六三」為學生或受教者。「六三」為學生居於「九二」之上，乘剛也（學生乘在老師之上，不尊重老師之意）。

　　「九二」為師者在授課教學時，學生常以（九二）之外其他老師（上九）來作比較，忘了誰才是真正授課的老師，這種心態很要不得，亦即是「瀆蒙」。一個心不專的學生或求教者，乘在老師或教者的頭上，用不尊重的態度學習或請教，是很不禮貌的行為，故而「勿用」。

　　一個待字閨中論及婚嫁的姣美女子：「取女」；為了追求喜歡的偶像，忘了本身的身份和立場，看到心儀偶像的消息，不管天南地北追逐她的偶像：「見金夫」；不反躬自省待字閨中的身份，忘了女子應矜持的立場：「不有躬」；只為了偶像英俊的外表，忽略她結婚的對象不可能是他，到頭來兩頭空，虛幻一場，什麼都得不到：「无攸利」。反過來看這件事，也告訴男方，見異思遷的女子，千萬不要娶，看

見喜歡的對象就變節，對這種情感不尊重的女子用情是不值得的，也得不到好的結局。

　　上述情形並不少見，不論個人、家庭、社會或天下間諸如此類的事情，時時可見，就如子女與父母間，有些子女，常會在父母的口頭上逞強（「六三」為人子女者居於「九二」父母之上，乘剛也），忘了身為子女的身份和立場，只知拿別人父母(指九五)來做比較，陳述一些似是而非的大道理，一點都不尊重自己父母親的感受，這種見異思遷的心態很要不得，故而「勿用」。

　　子女立場(亦如取女之立場)，一味偏向述說別人父母的好（亦如見金夫一般）；不知檢討自身的行為舉止，忘了檢討身為子女應有的立場、態度（不有躬），只針對別人父母對子女好的一面，質疑自己的父母，忽略親身父母養育、教育的辛勞，整體事情而言，「見異思遷」顧左右而言他，傷害父母也造成彼此間隔閡，一點好處也沒有，「无攸利」。

　　父母親要是氣不過，當著子女如是說：「既然說得這麼好，那你就作他們的孩子好了。」；同樣的老師要是氣不過，當著學生如是說：「既然教得這麼好，那你就當他的學生好了。」；同樣的男友要是氣不過，當著取女如是說：「既然妳追求的偶像這麼好，那你就當他的新娘子好了。」諸如此景，不時，在天下間各個層級發生。

　　「瀆蒙」少了尊重，促成種種「見異思遷」之怪異現象，只看到別人的好，漠視己身立場，若是不能反躬自省，非好事也得不到益處，亦如爻辭所云：「勿用取女，見金夫，不有躬，无攸利」情景一般。所以，「受教」者，莫要輕忽「瀆蒙」衍生的後果，小者，不理；大者，引來難以預料的後遺症。

(一)敬人者人恆敬之

　　敬己而後敬人，敬人者人恆敬之。尊重自己的主張，才有說服別人的根據。假使，主張想法都出問題沒有一個主，人家也沒有辦法針對主張與問題給一個好的解釋。自己是誰都不知，不知自己要主張什麼要問什麼，想到什麼就丟什麼，使人弄不清他的身分也搞不懂他的立場，最後，懶得理，算了，隨他去。心不夠堅定的受教者，弄不清所爲何事什麼問題，有心無意向人請教，對教者是不尊重也是很不禮貌的事情，就是「瀆蒙」。

　　一個心不專的學生或求教者，用不尊重沒禮貌的態度學習請教問題，想獲得好的教育或解決事情的方法，是有缺憾的，故而「勿用」，因爲這種心態求教人家，得到的解答非心裡所問的真正事實，反而增加更多的困擾與迷思，節外生枝的結果增添問題複雜性，處理起來更棘手。

　　完成學業做好課業，是學生的本分，利用時間從事課外活動閱讀課外讀物，有益又有意義老師也樂見。可有學生違反學習本分，功課擺一邊置之不理，課外漫畫是看到廢寢忘食，不知道的人，以爲他們多用功，結果，課業一竅不通，老師改起試卷，他們都是紅字一堆，談起漫畫卻是滿面春風。學校的課外活動意趣缺，校外看漫畫打電動卻是生龍活虎意氣風發，違背學習的原則，失去學生應有的理解，對學生本身是沒有好處的，老師屢勸不聽，最後，也懶得道德勸說，只好放棄這種學生，受害的是那些不受教的學生，「不有躬，无攸利。」。

(二)外來的和尚會念經

　　「九二」與「上九」皆是治蒙者，「六三」近於「九二」遠於「上九」，看遠不看近，看高不看低，虛而不實。有部分的學生，總以爲外來學者棋高一著，忽略國內師資絕不亞於國外學者的事實，虛榮心的驅使，以爲能夠說上幾句外來語，就是優秀的好老師，唉！外來的和尚會念經，有時候聽不懂，還以爲他們念的是六陰眞經還是九陽眞經，聽完課後，問這些學生知道老師教什麼嗎？結果，同樣的表情，吐出舌頭兩手一攤，不知所言。

　　奇怪得很，聽不懂內容，還猛讚嘆外來客教得好、教得

棒的學生們，問他們如何了不得，竟然，有聽沒有懂，莫宰
羊，鴨子聽雷呱呱叫，這就是「虛榮」的學生，實在求學問
的學生就不會如此，一定選擇自己需要，選有實力有內涵的
老師學習，管他是本國還是外國老師，能使人吸收到好知識
好學問的老師就是他們要的老師，否則，就不要，「勿用」
也。

　　自己要做自己的主人，連主人要做何事都不知道，肯定
像無頭蒼蠅，摸不著頭緒，沒有方向，此時，不宜有所作
爲，「勿用」；如果漫無目標隨手拈來瞎起哄，學這個問那
個，就像心無定性的女子，盲目追求表相，看到有錢的公子
哥兒，心猿意馬的想成貴夫人，忘了自己已是待嫁女兒身，
「勿用取女，見金夫」；不知自己要什麼，盲目做學問學東
西，有的東就忘的西，不知目的爲何，搖擺不定沒一定的立
場，學得一大堆，用到何處不知道，浪費時間也浪費金錢，
這個懂一點那個知一點，學到半調子要用使不上力，一點用
處也沒有「不有躬，无攸利」。

　　人，最怕的是心無定見的受教學一些無相關的東西，根
據外界風向球，有什麼就學什麼，不問究竟栽了進去，忽略
學習的目的與動機，不知道爲何學、爲何習，只知外來和尙
會念經，忽略自己才是念經人。

(三)瀆蒙的代價

　　沒主張沒主見的人，容易犯一個毛病，只知往前看忽略自己的能力，只看未來的願景，不看看現在的時機，每天胡思妄想沒有目標，忘了該做何事，整天被外面世界耍得昏頭轉向，不知所以然，沒有一定方向。看到電子新貴年終獎金厚厚一疊，就想往電子公司走，專業知識不夠，面試完了，等候通知，等得好累。金融行業也不錯，又想轉戰金融業，結果，金融機構需要的人才要有專業證照，自個兒是一張都沒有，連面試機會都沒有。好些機會撲了空，受到挫折後，始知專業知識的重要，仔細回想，當初，應該好好充實定下目標，有了專業知識技能，不致於弄得一事無成徬徨失措，不過，即時回頭，還是有機會的。

　　冷靜的想一想，到底現在能做什麼，要做什麼，有個方向和目標。絕對不能像以前，看到大老闆的氣勢就想做一個大老闆，看到大明星一大堆的粉絲追求就想做一個大明星，看一樣想一項，想一項學一項，沒有一個主軸，學了一大堆不是不精就是不堪大用，碰到大好時機也沒有機會大顯身手，事情進行到一半做不下去了，學了前一段，忘了後一段，沒學通，只有乾瞪眼窮著急的份，面試完後，老闆說道：「等候通知」，老闆心裡卻是想著：「勿用」。當今社會，有好的人才不用，卻用個半調子的員工，那是不可能的事情。因此，心一定要有定見主張，才不會徬徨無主，一輩

子在人家背後追逐，學一些不切實際的東西，如果，心態不適時改變，最後，也是無啥用，一點好處都沒有，「无攸利」。

做事情求學問，應該實實在在，敬己敬人，不要見異思遷搖擺不定，誠摯面對環境努力充實自己，學個專精有實力再來圖謀好前途，才是務實的作法。如若不然，蒙蔽心智欺騙自己，對別人不敬重，造成「瀆蒙」，蒙得了一時瞞不了長久，一旦，破功，一點好處也沾不上。沒有堅持立場隨風飄逸的人，是不可能得到尊重的，不論在職場、人生或婚姻，總是讓人退而避之的對象，得不到別人委以重任的機會，「瀆蒙」的造成，付出代價是很大的。

(四) 不平凡的志願

志願是對未來願景宣示，作文課時，老師常出的題目，甚至要求學生上台發表。小學生思維單純、天真，拿著寫好的文章上台發表，內容精采萬分，希望長大以後當醫生、企業家、發明家……等，老師一邊聽一邊微笑。其中，一位學生說道：

「長大後，想在家裡種花，弄個花圃讓人觀賞。」聽完他的文章，很多學生在底下笑，笑他的阿呆。以前的農家子

弟，放學後，接著要到田裡幫忙做農事以減少長輩的工作負擔。老師聽完學生們的志願後，說：

「各位的志願都很好，立志，是爲將來鋪陳的一條路，只要努力學習用心去做，終有一天，可能成爲醫生、企業家、發明家……」

「剛才有一位同學，只想在家裡種種花讓人觀賞。雖然平凡，不過，卻是班級同學裡最實際最不平凡的志願。」

那位同學從立願的那一刻起，用誠摯熱情投入花草園藝研究，接受園藝種植的專業教育，堅定決心面對立願初衷，始終如一沒有改變過，粉碎「勿用取女，見金夫」的搖擺心裡，敬己願望苦學實踐，破除「不有躬， 攸利。」的不敬，如今，他的作品早已馳名海內外，成就「在平凡裡有最不平凡的志願」夙願。

(五)爲何而讀，爲誰而讀。

孩子受教初期，思維易受影響改變偏好及想法，如果，父母不能站在孩子立場思考問題，忽略孩子的興趣和性向，讓他們心存抗拒，陷入瀆蒙境地造成學習阻礙，產生爲何而讀爲誰而讀的迷思，就不是件好事。有些就學子弟由於課業

壓力促成心情鬱結，拗脾氣不經意對著父母說道：

「都是你們叫我讀書，現在，我不想替你們讀書了！」

孩子們誤以為讀書是為了父母，日積月累殘存這種錯誤想法，如不能乘機教育開導，會導致學而不專降低學習意願。考試成績環繞在孩子心裡形成魔障，為了應付父母導致無意用功的同學，為了分數蒙蔽心智作弊改分數，否定自己也瀆蒙真誠的心，這種矇騙行為僥倖心態，「勿用」，絕對是父母師長不樂見的情況。為了應付考試拿好成績，好交差，不是為了學點知識求學問的態度，很要不得，如不能改變學習心態，怎麼可能虛心接受教育的洗禮，即使學業結束拿了文憑，不知所學為何，出了社會，相信，很快就將所學還給學校，沒了根基，學不敷用，總是有些惆悵。

不利用求學階段充實自己，只知在校混日子，知識匱乏促成寸步難行的窘境，不能怪別人，要怪自己努力不夠，求學不專心，有問題蒙在心裡，不虛心求教於師長，學而不專導致一知半解，出了社會不敷使用，處處碰壁。

奉勸，學子們，讀書是為己，勿用混日子的心態求學求教老師，對本身一點好處也沒有，很累很辛苦。少壯不努力，用時方恨少，沒有什麼好處不是嗎？做事求學問，不要心神不定見異思遷，機巧左右言他搖擺不定，像待字閨中女

兒心心神不寧沒有了主，見一個想一個，最後，錯過好時機喪失先機，找不到合適對象，錯過學習時機，一點好處也沒有，「勿用取女，見金夫，不有躬，无攸利」。

第三爻 **小象辭　象曰：勿用，取女，行不順也。**

「勿用」指的是「 蒙」，不知敬己何以敬人？女孩子已到適婚年紀，除考量本身能力與條件，尚須考量要嫁的對象，究竟應備那些條件？這樣才有個目標和方向。不然，待字閨中的女孩，沒有一定的標準，如何能夠找到適宜對象，這不是拿終身幸福來開玩笑嗎？那是不可以的，假使，有這種想法，必須打消這種「愚昧」想法，「勿用」。

男女婚配，必須清楚明白，你或妳需要對象應有的標準、條件在那裡？不然對方即使有心追求，也無從談起。忽東忽西，左右搖擺，到時，全部都嚇跑了，婚姻路，走起來當然不順「勿用，取女，行不順也。」做事業、求學問，不懂得敬重自己，有目標、有條件亦等於無，接著，答非所問，種種後遺症接踵而來，「婚姻、事業、學問」在懵懂未知的情況，如何以順，當然是「行不順也」。

受教者做學問求知識，敬己敬人以誠，虛心求教，老師

感動之餘，傾囊相授，幫助學生解脫「愚昧」，是受教者的福氣，亦是尊師重道，敬己敬人得到的回報。

小象辭：「勿用，取女，行不順也」是用來警示受教者，切莫「瀆蒙」，不知敬己是難以敬人，老師、教者還是有他們的底限，那就是「再三瀆，瀆則不告，瀆蒙也」，若是不知反躬自省，加以改進、改善，對人生、事業、求學問肯定是不利的，「不有躬，无攸利」。

☯ 第四爻 ┃ 爻辭　六四：困蒙，吝。

山水蒙（☲☷），「六四」陰爻居陰位，「得位」按常理言之，應該是沒什麼問題，事實上，不然，何以會如此？

「六四」真的困還是假的困，意義完全不一樣，遭遇問題能力、實力不足所造成的困，可以利用學習以補不足而能脫困，那是假的困。若「六四」稍有成就以為盡在我手，不加思圖進取，只侷限在固定領域，自以為是的運作，才是「真困」。

不論事業多大，成就多突出，因為自滿蒙蔽心志，「蒙

昧」難明難能精進，揮灑空間必然受限，雖暫時無憂，隨著環境改變、時代進步，後面追兵迎頭趕上，逼迫到「欲進不能、欲退不能」，坐困愁城。「困蒙」之故，心神不寧日益高漲，造成心裡痛苦難熬，「吝也」。

蒙昧纏身懸而未解，就是困，困而未解心有千結，「吝」也。惡小不治必成大惡，事小不理必成大事。一時蒙昧之困無由解脫，雖非大之缺失，未加處理易生瑕疵，吝，久而成災。

做事業求知識，怕的是「自滿」，使人不知不覺困在意識之中，脫離現實愈來愈遠，漸漸失去原有優勢，取代的是痛苦煎熬心酸。如果，不改「自滿」習性，不只是困於一時，可能困得更久甚或永遠困在蒙昧意識，走不出愁城之困。自我蒙昧，真困住了自己，就算大羅神仙也難以將其強行拉出，吝，「困蒙，吝。」

(一) 象牙塔

看到小智慧、小成就以為看到全世界，短暫功業占滿心思，醉心現有成就，自滿帶來莫名蒙昧。時代浪潮，一波波推進，代代江山有人出，前赴後繼登峰再造，令自滿者前後受敵，前有山阻不敢向前，後有水阻不敢退後，困在意識象

牙塔裡，蒙昧其中，走不出內心世界之外，這就是寫實「困蒙」心境。

意識封閉源於「自滿」促使「困蒙」其中，變得保守徒生規避風險的念頭，使人失去創新企圖勇氣，少了冒險精神，久而與時代腳步脫節，周圍的人，卻個個百尺竿頭更進一步，超越再超越，自身還僵在原地，被摒除在千里之外，事已至此，悔不當初，遺憾無用，「困蒙，吝。」

學無止境，不進則退，懶得想，為做而做，等事情結束了，還弄不清楚狀況，是愚昧；能做而不做，憑著個人喜好、情緒，意識型態的否定，根本不管是非、對錯，只要我喜歡，有什麼不可以，千山萬水我獨行，是獨夫；不合我意者，講也白講，不理就是不理，天王老子來了也一樣，是頑固。

獨夫、愚昧、頑固束縛在自滿意識，滿足現狀不願受教，不圖改進，難能面對當前變化，新知不進，舊知不去，新、舊僵持，久而未解，「蒙塵」徒生「蒙昧」，欲有所圖、有所作為，脫序了，下著不了地、上著不了天，懸在半空中，難得其解。求人，面子掛不住；不求人，能力又不足，思不出良策，處境難堪，皆因意識型態，困在象牙塔裡，最後，變成蒙昧無知，終究是憾事，「困蒙，吝。」

第四爻　**小象辭　象曰：困蒙之吝，**
　　　　　獨遠實也。

愚昧無知的困境，可以打破，除非，不願面對事實自我封閉，那就沒有辦法，真相不因個人迷失而改變事實。世界永遠是**趨勢**領航者，與趨勢為敵就是與世界抗衡，吃到苦頭還是抗衡者。困在象牙塔裡，演戲演到只剩自己演獨角戲，沒人看、沒人理。

趨勢永遠領先個人力量和想法，打破內心的象牙塔，順應時勢演變，走出迷思疑惑，天地原是那麼大，沿舊創新解脫蒙昧之困，「困蒙」與日消散，又何吝之有？怕的是，內心的敵人，自己。

最怕的是自我封閉、傲慢自大、不長不進，封鎖在虛幻前景，經營出來的只是無根的樹，虛而不實彈指可破。窮則變，變則通，跨出心裡障礙，突破困之蒙昧，「知行合一」交互運作，疏通消化另創途徑，重整旗鼓，不但，增加閱歷，更提升解決問題與處理事情的能力。

蒙昧而困，困而學習，自我勉勵轉化思維創新觀念，回歸正常返回現實，蒙昧就不是蒙昧，是智慧的化身；怕的是，困而不學，學而不化，知識永遠難以精進，脫離事實漸行漸遠，蒙昧還是蒙昧，不知還是不知，最後變成一無所

知，困在蒙昧的桃花陣裡，變成知識盲人，走不出來，「困
蒙之吝，獨遠實也。」

☯ 第五爻｜ 爻辭　六五：童蒙，吉。

　　山水蒙（☷☶），「六五」陰爻居陽位，不得位（居
其位，不以至尊之態以示人，而以赤子之心對待下屬）莫要
以爲某些人，像孩子似的什麼都不懂，非也，「六五」屈躬
以下，謙恭待人，聆聽心聲，包容他人，成就事物完美，是
高度修養容人藝術，「童蒙，吉。」「六五」大智若愚是爲
了廣納群眾、擁抱群眾，集思廣義以聚眾智，立舉措，訴之
於社會、用之於社會。

　　身居高位者，知其能以示其不能，非愚昧，實乃天下非
一人之天下，天下事亦非一人之事，縱有通天本領，憑個人
之力亦難善盡天下事。謙沖爲懷完善眾人之念，無爲容人
以知蒙昧之源，無不爲解脫蒙昧以釋疑惑，若非智者（指
六五），何以廣納眾人收服人心。

　　水清則無魚，事事清、事事明，金玉良言消失無蹤，成
功的領導人，納忠言識賢才以爲用，聆聽良言、辨別是非曲
直，傾心聆聽民意，截長補短持中以行，萬事由人，眾人

服，「童蒙，吉」。

(一)用賢納才的藝術

　　從早忙到晚，未曾悠閒過，恰巧，遠方友人來訪，抓住機會向友人傾吐心聲，友人聽完後，說道：「人不是萬能」，凡事看開、放開，挑幾個能力品行好的員工，分派職務擔當責任，沒有必要萬事一肩擔，身心疲累，划不來。

　　友人，站了起來走到門外花圃，拿起鏟子挖花圃的土，直往花盆裡傾倒。一會兒，花盆裡的土裝滿了。

　　「老友呀！別再挖了，盆裡的泥土滿出來了，裝不下了。」友人並未縮手，還說道：

　　「你啊！事情一直做，不曾放手，加了再加，像我倒土一樣，多了也沒用，公司少了一把土，照樣可以經營下去，不是嗎？」聽友人這麼一說，他楞住了一會兒。這時，友人放下鏟子，說道：

　　「你就是這樣子，每天想多做點事，把事情裝得滿滿，不曾留點空間給員工，員工好像是多餘。員工心想事事有老闆，輪不到自己，又何必多費心。」

「來來來，你看，花盆的土滿出來，就像你將事情往身上攬一般，又像員工被摒除在外的情形，員工縱有才情，亦無用武之地。何不將花盆空間，空出一點交給有能力的幹部，你才有多餘時間接納新事物，落個清閒，何樂而不爲。」

用人之際，謙卑容忠言，不斷言路；誠懇納賢才，付託任務，大智若愚又有何妨？賢才良將所成之功，亦是善用人之功。身爲領導者，視其情況，權力下放，令其各司其職、各盡其分、忠於崗位，衆人功勞出於用人之手，何須計較功勳誰屬，萬事圓滿最爲吉，「童蒙吉。」

第五爻　小象辭　象曰：童蒙之吉，順以巽也。

領導者，縱有才能，整體爲念，大局爲重，有容乃大，挪出空間，納言容賢，從之用之，順也。不自以爲尊、爲高、爲是，謙沖爲懷，虛懷若谷，禮賢下士，誠懇就下，請益就教，上通下達、溝通思想，「童蒙之吉，順以巽也。」

人一生中，總會碰到重大抉擇，爲了大局，不得不做、不得不想，但爲了成全多數人的利益，縱然會影響某些人的權益，還是要痛下決心作抉擇。

領導者深知，留人容易留心難，成事在天、謀事在人，真誠關懷，聆聽心聲，我事爲小、部屬爲大，私欲爲輕、大局爲重，順勢化解歧見，掌握人心，大智若愚，穩定大局，順遂事物，圓融進行，「童蒙之吉，順以巽也。」

　　老師之於學生，家長之於子女，領導者之於部屬，非蒙昧者，而是知而不言，吸納眾見，知其需求，消化分析，不鳴則已，一鳴驚人，完善事情圓滿達成。

　　「童蒙之吉」希望有爲的大人們，莫要沉醉權力威望，有容乃大放開心胸，多聽多問，順應時勢，深入民意得人心，更能得到好的績效成果。

　　大智若愚以「童蒙」容納眾人事物，雖不明言，卻了然所以，知言之利則說，知言之不利而不說，大局爲重，眾人福澤爲依歸。能之示之不能，有容乃大，作一次無知「童蒙」，聆聽眾人們的心聲，又有何妨？難得讓他們作一次大人，立場互調一下，也是不錯，「童蒙之吉」。用童蒙受教心態接納對方，瞭解他們的需求與要求，探討問題，深入核心，順利解決問題，善之又善，「順以巽也」。

☯ 第六爻 │ 爻辭 上九：擊蒙，不利爲寇，
利禦寇。

　　山水蒙（▤▤），「擊蒙，不利爲寇，利禦寇。」，
打擊蒙昧，就像打擊犯罪一般，「不利爲寇，利禦寇。」這
段話不知如何來解解，真的是蒙昧的，弄得人家莫名其妙。

　　腦子淤塞不開竅之時，難免有想不透的事情，像在霧裡
看花，愈看愈花。就如爻辭，「蒙昧」開不了竅門，任憑如
何解讀難明究竟，真把「寇」字當土匪，做土匪就不利，防
土匪就有利的說法，像青蛙跳下水「噗通」，不通使人不解
其說，換個角度思考解讀，可能就通了。

　　「匪寇」靠打家劫舍起家，對善良的老百姓而言，就是
「害群之馬」，讓老百姓身受其「害」的匪徒，隱喻「害」
字。打擊蒙昧，就似打擊匪寇一般，擒賊先擒王，打擊要
害，才能瓦解匪寇的力量；如若不能，做好防禦措施以減少
傷害降低損失。

　　問題發生，直接抓到要害解決問題，當然就沒有問題的
存在，但，如果沒有辦法解決之時，不要慌，不要隨著問題
瞎起鬨，反而加重匪徒氣勢，增加問題的嚴重性，讓事態擴
大，陷入嚴峻不利的地步，就不妙，「不利爲寇」；抓不到
首腦的位置找不到問題的所在，暫且固守陣地穩住陣腳，做

好防禦配套措施，防止匪徒侵襲得逞，防止蒙昧繼續延燒，「利禦寇」。

　　凡有疑問、疑惑，沒有找到癥結之前，不宜在問題身上點火，火上加油，窮追猛打不但解決不了事情，反而更糟糕，「不利為寇」。靜觀其變，找出癥結，抓出重點，針對問題，採取防範措施，才能有效遏止問題的再次侵襲，「利禦寇」。

　　老師發覺學生吸收不了的時候，為了學生，老師傷透腦筋，決心改善他們的課業，「擊蒙」。針對學生學習效果通盤檢討，在此之前，不宜增加課外作業，徒生迷惑和不解，就不好，「不利為寇」；事緩則圓，柔性訴求，溫故知新、沿舊創新（先求懂而後求進步），激起學習意願，再求課業學習進度，如此，才能防範課業頹廢與退步，「利禦寇」。

　　「擊蒙」就像生了一場重病的病患，必須住院治療，只知病情嚴重，卻不知病因為何？不可以隨意下藥方，這樣對病情是沒幫助，「不利為寇」。蒙昧的病因有發蒙、包蒙、瀆蒙、困蒙和童蒙五種，知道是那種病因而後整治，才能擊中病之因（蒙之因），做好醫療措施，防範病情惡化，始能根治愚昧無知，「利禦寇」。

(一)擊蒙，不利爲寇。

　　身處蒙昧無知狀態，思維情緒紊亂，開導者應謹愼爲之，太過或不及的開導對蒙昧無知者，不但不能獲得有益的疏導，反而有害。

　　學生碰到課業上難題，老師利用課餘時間輔導，有部分學生因資質差異，老師不論花多少心血，不會還是不會，教到老師快受不了，接著，數落學生，全班就你們幾個‥‥‥，念個沒完，念到口乾舌燥，才停止數落。

　　老師的苦心和好意，就在數落當下，全毀了，原本想幫助學生，誰知，數落過頭，干擾學習情緒，因而產生排斥現象，出現不得其利，反蒙其害後遺症，急於求成，反而促使打擊蒙昧失利，使學生不願意接受教誨，變成一群迷途羔羊的無知受教者，故曰：「擊蒙，不利爲寇」。

　　學習過程中，心靈受創的學生們，像被逼到牆角的困獸，心靈受到傷害因而反撲，造成老師與學生的對立，形成雙輸的局面，情何以堪。

　　處理問題與訓示人要得體，蒙昧所以爲蒙昧，就因搞不清狀況，爲了打開蒙昧，精確拿捏尺度，以防太過或不及，否則，弄得不好，鬧得彼此翻臉像匪徒般對峙，大聲小聲沒

完沒了。好友的感情出現裂痕，師生間產生對立，對誰都沒有好處，足以使人吃不完兜著走。

訓示教誨，須視情況而定，事情沒弄清楚，千萬不可，不問青紅皂白訓誡，演變到最後，好意勸解，也會被曲解成惡意攻擊，你一言我一語，吵起來，雙方吵得面紅耳赤，互道對方的不是，到底是誰在教誨誰，搞不清楚，事情沒有改善，反而更棘手，擊蒙反為被蒙者，通通成了無知成員，「擊蒙，不利為寇」也。

(二)擊蒙，利禦寇。

事情尚未解決，莫將事情複雜化，平心靜氣，利用時間，反躬自省，溫習過程中，將疑惑之處圈選，利用答在問中，捫心自問，當初，何以如此？找出癥結，虛心求教或自我教育，用心學習，提升能力，解脫疑惑，解決問題。

老師，若能站在學生立場，思考問題，共同探究學習過程，用循循善誘方式，教導學生解決疑惑，老師指導得當，學生課業獲得改善，問題愈來愈少，學習效果愈來愈有進步，對老師與學生而言，都是雙贏的局面，故曰：「擊蒙，利禦寇」。

(三)機會教育

不傷自尊又能表達心意的最佳方式，機會教育。姊姊在客廳裡做事，弟弟在她身邊，不停的說：

「妳看，客廳好亂。哇！沙發底下有好多小東西，應該先掃乾淨再來拖。妳看，那邊‥‥‥」

「老弟，請閉上你的尊口！」姊姊受不了，大聲嚷嚷：

「沒看到我正忙著，該怎麼做我知道，不勞煩，你老弟‥‥‥」

「是，姊。」弟弟接著又說：

「我只是讓姊知道，妳整天在我旁邊，念這個念那個，我的心情又是如何？」

機會教育慣用身教言行，打破觀念，讓對方感同身受，亦是打擊蒙昧有效方式，「擊蒙」也。有些缺點看似不大，但，時機不對、處所不對，伺機而行，否則，硬是而為引起反彈，事情是愈不清楚也愈難處理，「擊蒙，不利為寇」。

惡習積弊已久，逮到機會，善加利用機會教育，以其人

之道反治其人，解開迷思，打開「蒙昧」使其覺醒，令其知道所犯缺點，那是好事（利）。窮寇莫追，對方已知則適可而止，莫要追根到底（禦寇）。

第六爻 小象辭 象曰：利用禦寇，上下順也。

防禦匪寇侵襲，非一人所能，必須全體上下一心同仇敵愾，才能順利抵擋不利侵害。「利用禦寇」主要目的在於「順」字，上下溝通達到「順」暢無阻，才能針對蒙昧根源，提出解決方法，避免問題再度惡化，利用答在問中，探討問題建立認知，解開受教者疑惑。

擊敗蒙昧的方法，學習再學習，教育自我，誠心求教，建立知識平台，結合訊息以為應用。知識、見識飽滿，拿捏事物自有分寸，解決蒙昧之愚的不二法門，學習中求取知識、增長見識，教育則是提供知識、見識最好的訓練處所。

世間，沒人能夠比己更能夠瞭解自己，蒙昧因由來去，唯有自己最能掌握，只要有心探究，用心學習，蒙昧無能遁形於己之外。旁觀者雖能從旁輔導，卻無能解開蒙昧於全然，能擊敗蒙昧無知最好的老師，捨我其誰，自我教育，自我領悟，內裡的心就是老師，一生陪伴左右的名師。

　　知識見解是解開蒙昧索引，心裡的老師，才是解開蒙昧的鑰匙，應用學習歷練增廣知識見解，行而有知，知而有行，知行合一融合應用，上下一以貫之，破除矛盾，行之以順，解決蒙昧無知，「利用禦寇，上下順也。」

易經導讀索引

易經導讀索引

(一) 先天與後天八卦，天文與地理。

　　易經將天地事物歸爲八大類，各有其不變的屬性特質。易經三畫卦共有八個，各有不容更改的屬性，謂之「先天八卦」；兩個三畫卦重疊而成之六畫卦，透過「陰、陽」符號，詳加記錄應證，並述之以文字，而有今之易經六十四卦的誕生和延續，謂之「後天八卦」。

　　易經內容根據天體演變爲其臨摹對象，俗稱「天文」，將天體運行規律適用於大地生存法則，俗稱「地理」。

　　過往智者，透過奇偶之數演化過程，創造「陰、陽」符號，應用客觀條件賦予意象生命，著述文字(卦、爻辭)形成知識的泉源，貫穿古今，讓易經文化溶入生活之中，爲之應用。爾今，很多人的印象裡，認爲只要懂得易經內容的眞髓，上通天文下知地理，是否言過其實，不予置評，但不可

諱言的是「易經之易」，原本就是以天地爲臨摹對象，有何不可？

(二) 減少過失的智慧寶典

　　易經文化蘊藏趨吉避凶之法爲成功者依循前導，利用易經至理創造命運掌握命運的鑰匙，爲之命運的主人，從造化到孕育過程中破除無知，淨化人生理念趨向眞善美境界。成功者就是比常人能夠瞭解事物的演變過程，事前做好配套措施，利用趨吉避凶的方法掌控變化完善過程達成任務。

　　邁向成功途徑最怕的就是無知，雖然無知與災禍未必有全然關係，卻是讓人掉入痛苦無底深淵的主因。無知不可恥，怕的就是一味無知到底，那是愚昧，渾渾噩噩迷失信念變成一無所知的人。災禍發生有時盡，假使，不能找出災禍發生的源頭，無知到底，恐怕接踵而來的是更嚴重問題，低頭哀聲嘆氣埋怨上天不公，沒有用的。黑暗前的光明，是留給有準備的人，解除無知魔障破曉能量的那道曙光，是邁向光明世界和創造命運的力量。

　　易經文化就是那道曙光，文辭裡處處充滿著憂患意識，提醒人們應該時刻警惕自己充實自己，告戒照亮自己，不要被無知朦蔽，無覺墜入黑暗無底漩渦，以致災禍連連。故

而利用陰、陽符號敘述前因後果，讓當事者一以貫之體會領悟，知其所然，所處位置立場，便宜採取適當的因應措施，將無知訊息轉換爲有知範圍，降低錯誤機率，減少過失避免重犯，引導當事者往正確趨勢方向運作，點化人們對事物的看法。易經文化那道曙光是爲了打破偏見堅持去除人爲主觀意識固執，從演變過程逐次摒棄主觀意識，漸進提升心靈層次消化偏見，激發潛能提高創造能力助益性靈昇華，讓人在第一時間發現問題，利用修正措施避開不妥歷程，走向成功的人生大道。

(三) 變易、簡易、不易與「象」、「數」、 「理」

《易》的基本含義有三層：變易、簡易、不易。

變易，世間萬物永遠隨著時空變化而變化，事實需求而有不同應變法則，爲通達事變之應用，六十四卦的卦、爻之具象，以象寓意使其領悟至理爲法爲之應用；乾爲天、乾爲龍、坎爲心、坎爲水等。

簡易，異中求同化繁爲簡的方式，整理一套法則類推運用。卦、爻之精神應用：乾爲天，天行健，君子以自強不息。

　　不易，事物中最高的那一層爲道，「道」是永恆的定律，宇宙萬有，都在太極、陰陽的變化裡面，是永遠不變，是事物本質不變的特性，三畫卦之八卦特有屬性；如乾是健、坤是順等等。

　　《易》的基本架構分爲三個部分：「象」、「數」、「理」。

　　「象」是構成《易》世界最外層次的表象，日月星辰，山川大地，風雨雷電，飛禽走獸，花草樹木等比喻，「象」指外在形象或感知意象，具以物象喻意，爲現象的表徵或比喻，爲器世界或物質世界組成之元素。透過表徵現象表達「象」存在價值，由感性思維歷經觀察、測試、驗證、領受，爲演繹推理擬定趨勢方向的根據。

　　「數」是《易》世界內層層次，「數」是針對各種「象」與「象」之間的各種相關互動產生的運行發展活動，以「數」的方式，表達事物的規律性和關聯性，從中取得演繹基礎，精確計算時、空交錯變化及互相聯繫的「敘述記錄」。

　　「象」和「數」屬於「形而下者謂之器」的「器」世界，看到或是感受到的物質世界謂之。

　　透過「象」和「數」可以體現事物的原則性和規律性，由「象」和「數」持續的運動、發展、變化加以推進演繹、總合結論，昇華爲「形而上者謂之道」的「道」，就是「義理」，不能見而能感知存在之精神世界謂之。

　　物質世界或者精神世界，利用易經教義爲主旨，體悟闡揚以提領當事者適用法則之通則，作爲推廣人生「事理」，類比應用於事物之上。

　　《易》的本身講求變化，抽象中含具體，多元中含統一，恆定中含變化，強調萬物存在對立、矛盾、統一又中和的特性。透過「陰、陽」兩個概念的推演，隨時、空挪移與環境變遷產生不同層次的變化，演繹世界（外在）進化陰陽動態，詮釋人類剛柔（內心）交織思維動力。

　　「易經」之易以「義理」的方式，演繹通則廣泛應用在日常生活中，造化形成自然、社會、人事的人文素養文明世界，天體天象爲根據爲演繹臨摹對象，從中發覺運動發展規律，淬取義理，便宜規畫事物趨勢，爲之指導方針準則，以達到趨吉避凶的境地。

(四)卦、爻

　　爻：有「陰、陽」兩種符號。以一條長的橫線「─」，

代表陽稱爲「陽爻」；以兩條斷開的橫線「－－」代表陰，稱爲「陰爻」。

　　三畫卦：每三爻組成一卦。三畫所組成的爻，共有八種不同性質的三畫卦；（乾☰）、（兌☱）、（離☲）、（震☳）、（巽☴）、（坎☵）、（艮☶）、（坤☷）），謂之「先天八卦」。八卦的性質是不變的，乾是健；兌是說；離是明；震是動；巽是入；坎是險；艮是止；坤是順。

　　六畫卦：每六爻，分上、下三爻，而每一卦的三個爻以不同的陰、陽配搭，形成多種不同的組合。

　　六爻由下而上解爲：初、二、三、四、五及上，由兩個三爻所組成的卦。上之三畫卦爲之「上卦」或「外卦」，下之三畫卦爲之「下卦」或「內卦」，八八六十四卦，謂之「後天八卦」。

　　八卦可根據它特有的性質具象，選擇適合卦的物象予以論述；如乾爲天、爲龍、爲公馬、爲君王、爲父親；兌爲澤、爲海、爲湖；離爲火、爲日、爲中女；震爲雷、爲長男；巽爲風、爲長女；坎爲水、爲中男；艮爲山、爲少男；坤爲地、爲暗、爲母親、爲妻等。

(甲) 太極生兩儀

太極：開創生命的本源，除它之外無任何在它之上的源頭，不容分割是如實的「一」。「一」是太極的符號，上下、左右，無限延展到無邊無際的無限大，也可無限壓縮到微小不為人知的無限小，大到人類無法想像的大，一望無際無盡頭；小到人類無法想像的小，無法用肉眼透過任何儀器找到它的存在，盡在虛無飄渺間，這就是「太極」。

天地賴以生存的空氣，說它存在又講不出它確實位置，說它不存在又確實在世間周遭活動，提供萬物呼吸的要素，沒有了它就沒有你我生存的空間。空氣充塞在宇宙天體的任何一個角落任何一個空間，貫穿所有的一切，沒有時、空的限制，穿越時空為所欲為創造一切，天地萬物日月星辰山川無一不是它的造化神跡，換言之，就是凡人所言的主宰者。

表一

(乙)各有各的太極

　　天地萬物各有各的主宰者，太極中又有太極，生生不息運轉著，身爲人類的主宰者就是心，心就是人類作用的起源，太極。事物起始都是由它創造所主導，那麼人的心到底在那裡，大部的人認爲在身體裡面，事實不然，沒有心的作用，有眼不能視，有耳不能聽；所有就在六虛之間造化，用之則有，不用則無，用與不用、有與無，源於它，無有其他就是太極。

　　天下萬事萬物各有各的太極，無由取代，上蒼是公平的，它創造萬物，很公平的賦予每樣事物，各有各獨一無二的太極。因此，毋須埋怨天之不公，應珍惜當下所擁有的太極。

(丙)兩儀生四象

　　兩儀：「太極」生兩儀，一分爲二，一陰與一陽，「一陰一陽之謂道」。「道」周流六虛無所不在。兩儀：事物的一體兩面：陰、陽；正、反；明、暗；是、非；吉、凶；常、無常等的對立狀態。「道」或「太極」造分陰、陽兩儀，「一陰與一陽」交替摩盪造化萬象萬有變化活動，陰陽摩盪相互消長行使創造孕育自然功能，令事物生生不息運動發展，陰、陽消長質量變化建構內心思維剛柔起伏，是不可

見是無形體的心靈層次，屬於思想或思維層次。

兩儀生四象			
▬▬ 陽儀		▬ ▬ 陰儀	
⚌ 太陽	⚎ 少陽	⚍ 少陰	⚏ 太陰

表二

(丁)道與器世界的分界點

　　四象：兩儀生四象，兩儀中的陰、陽，再剖分「陰陰、陰陽、陽陽、陽陰」四象。從陽儀，造分陽陽、陽陰，如人對事物的理念中持，「是」的想法，再從「是」的當中肯定為「是是」，若有反面的因素滲入其中為「是非」；「非」的想法，再從「非」的當中否定為「非非」，若有正面的因素滲入其中為「非是」，「陰中有陽，陽中有

陰」，反覆運行形成靈魂及意識形態，是有形與無形世界
的交接點。太極造化兩儀到四象的過程，是屬於無形精神
層次。

　　「形而上者謂之道」，這個「上」者爲有形世界透過四
象之上的無形精神層次返回於道。「形而下者謂之器」，這
個「下」者，透過四象之下的思維層次爲有形「物質世界」
或是「器世界」的形成。四象在自然爲四時「春、夏、秋、
冬」代表天地四時之變化。

(戌) 四象生八卦

太陽	少陽	少陰	太陰
乾卦　兌卦	離卦　震卦	巽卦　坎卦	艮卦　坤卦

表三

(己)物質世界

　　八卦：四象生八卦，無形世界透過四象以下的思維層次運作，形成八種不同特性的卦象。將一切的「物質世界」或「器世界」，依屬性的不同，歸納在這八大特性的卦象，加以分類。八卦一般又稱為小成卦，此八者分別為「乾、兌、離、震、巽、坎、艮、坤」，分別以「天、澤、火、雷、風、水、山、地」八種自然界的元素做為表徵。

　　依據卦德具象，物象屬性的表徵因需求有不同物象代表。八卦代表事物的八種不變性質，各有不變屬性是抽象的：三畫卦小成卦，乾之卦德是健、兌之卦德是說、坤之卦德是順等。依據卦的屬性以具象予以應用；如六畫卦之乾卦以天為表徵；兌卦以澤為表徵等等。

乾	兌	離	震	巽	坎	艮	坤
☰	☱	☲	☳	☴	☵	☶	☷
乾三連	兌上缺	離中虛	震仰盂	巽下斷	坎中滿	艮覆碗	坤六斷
陽金	陰金	陰火	陽木	陰木	陽水	陰土	陰土
天	澤	火	雷	風	水	山	地
西北方	西方	南方	東方	東南方	北方	東北方	西南方

表四

八卦＼八卦	天(乾)	澤(兌)	火(離)	雷(震)	風(巽)	水(坎)	山(艮)	地(坤)
天(乾)	乾為天	天澤履	天火同人	天雷無妄	天風姤	天水訟	天山遯	天地否
澤(兌)	澤天夬	兌為澤	澤火革	澤雷隨	澤風大過	澤水困	澤山咸	澤地萃
火(離)	火天大有	火澤睽	離為火	火雷噬嗑	火風鼎	火水未濟	火山旅	火地晉
雷(震)	雷天大壯	雷澤歸妹	雷火豐	震為雷	雷風恒	雷水解	雷山小過	雷地豫
風(巽)	風天小畜	風澤中孚	風火家人	風雷益	巽為風	風水渙	風山漸	風地觀
水(坎)	水天需	水澤節	水火既濟	水雷屯	水風井	坎為水	水山蹇	水地比
山(艮)	山天大畜	山澤損	山火賁	山雷頤	山風蠱	山水蒙	艮為山	山地剝
地(坤)	地天泰	地澤臨	地火明	地雷復	地風升	地水師	地山謙	坤為地

表五

(庚)六十四卦

　　重卦：由兩個三畫卦共同組成，在上者稱爲上卦（外卦）、在下者稱爲下卦（內卦）；上卦與下卦各八個卦，兩兩重之得八八共六十四卦。

　　事情對應必須有二者或以上，才能發生關係和效用，僅有個人在玩，那是一場獨角戲，自唱自誇，根本沒有質量互變的問題，那不是完整的變化，就像掛個八卦鏡，如果，沒有「人」的作用（心理），它是一個物，發揮不了什麼作用，但，有第二者的其他物參與，讓人心產生起伏，就有作用（迷信、正信隨人自悟）。

　　有些人，碰到一些比較特殊的事件，有事沒事就掛個八卦鏡，求心安無妨。而智者，運用至理演繹事物，求得趨吉避凶之法，貫穿過去、站穩現在、擴展未來綜觀一切，才是合乎易學的要義。

　　「易經」六十四卦：各有各的卦象，每一個卦裡有六個小爻象，各有爻象（爻的陰陽）與爻數（爻的位次），叫做象數。

(辛)重卦之爻位

最底部稱之為初：是卦之始，事物活動的開始。

上升為二：為古之士大夫或地方單位、地方有名望家族，居內卦之中為內心之剛柔。

上升為三：指正要進入朝廷或由內在問題要跨出外在解決之際，動輒得咎。

上升為四：近於君位大臣或權力核心，位高而危，戒慎恐懼看待事物。

上升為五位：為君位或事物主角，屬尊位居外卦之中，有權有勢或主事者。

再升為上，是卦之終，相當於太上皇或事之末，由量變到質變的前奏。

將重卦六個爻位視為整體，其三才分為：初、二爻居「地位」（地利）；三、四爻居「人位」（人和）；五、上爻居「天位」（天時）。

(五)錯卦

　　立場相同，思維方向陰陽交錯之意，一卦中各爻，陰變陽，陽變陰，稱為錯，原卦變爻所錯之卦即為錯卦。乾為天（☰ ☰），各爻皆是陽爻，在陰陽交錯之後，變成坤為地（☷ ☷），各爻皆是陰爻。事物的本質和精神不變，讓當事者對事物多一層的看法，有樂觀就有悲觀的存在，有正就有反的存在，有是就有非的存在。

　　錯卦的用意，希望當事者在樂觀中抱持悲觀的憂患意識，在正向的運作中有反向力量的存在，有備無患思考問題做好防範措施於未然。提醒當事者不能只憑單方向的對或錯看待事物，以免造成以偏概全的缺憾。

(六)綜卦

　　各重卦由一至六爻，上下顛倒之稱為綜，原卦所綜之卦為綜卦。觀一切事物不能僅從正面就概括論定，必須從各個層面察覺事物究竟，綜合觀察上、下、左、右，四面八方，使當事者客觀宏觀看待事物主體性，而不失主體精神。

　　六十四卦中，有八個卦象是絕對性，無論上看下看怎麼看都一樣。這八個卦，乾卦，正看倒看都是天；坤卦，正看

倒看都是地；坎卦、離卦、澤風大過卦、雷山小過卦、山雷
頤卦、風澤中孚卦，八個卦象屬於絕對卦；餘五十六卦屬相
對性。

(七)互卦

取重卦：二、三、四爻爲內卦；三、四、五爻爲外卦，
所組成的新卦。

事物本質不能僅從外形輪廓判定，須瞭解內在變化，得
深解意涵究竟。

(八)之卦

指定之爻位，由陽變陰、陰變陽後所形成之新卦，
六十四卦彼此相互牽連環環相扣和互通，衍生出無數的新
卦。

錯卦、綜卦、互卦、之卦的交互應用，爲之旁通應用，
深化導讀「易經」六十四卦更多層面的看法與分析，便宜從
中貫通要訣，爲之通則應用。

(九) 爻位

陰陽之位：一、三、五為陽位；二、四、六為陰位。爻之陰陽與位符合，即是得位。得位之爻，代表具有陰陽之爻德，吉凶則由卦象決定。

高低之位：爻位的高低，與地位之尊卑貴賤、時機早晚、事物成熟度、物體本身的部位等皆成正比，為判斷之參考資料。

三畫卦三才之位：第二爻與第五爻為「人」位。人位主掌人事，因居三才之中間，故又稱為「得中」，**六二、九五乃既得中又得位者，稱為中正**，表示人當其位且正直。第一爻與第四爻居地，指一個階段之開始（第一爻下卦之始；第四爻上卦之始）。第三爻與第六爻居天位，指一階段終了（指第三爻居內卦或下卦之終）或全部終結（第六爻：指上六、上九，卦之末）。

重卦三才之位：內外各卦，皆由三才結構而成。初爻與第二爻居「地位」，第三爻與第四爻居「人位」，第五爻與上爻居「天位」。

初爻與上爻：為始與終或本與末的關係。

　　應：初與四、二與五、三與上爻，若兩爻陰陽的性質相反，則稱爲正應或對應，吉凶依卦之內外爻所居時、位、才而定。

　　比：相鄰各爻，「陰陽」性質不同者，謂之「比」。比又有四：如本身爲「陽爻」，比之上爻稱「扶」，比之下爻稱「據」，其利有大有小。如本身爲「陰爻」，下爻對上爻稱之爲「承」，上爻對下爻稱之爲「乘」。判斷概意，「乘」常不利，因陰乘陽爲逆也。「承」，　陰承陽爲順也。「扶」、「據」較多利，乃陽爻剛健之故。

　　中爻：卦之二跟五爻，叫作「中爻」，上卦的中爻爲「天位」代表君位、至尊位或領導者，下卦的中爻爲人位代表君子或知識份子。

國家圖書館出版品預行編目資料

易經：開啟天書的鑰匙 龍騰天下首部曲 /
戴振琳(懷常)，徐子雲著.一初版.─ 臺北市：
華品文創，2016.1　308面；14.8x21公分
　ISBN 978-986-92185-6-6 (平裝)

　1.易經 2.研究考訂
121.17　　　　　　　　　　　　104027351

華品文創出版股份有限公司
Chinese Creation Publishing Co.,Ltd.

《易經 ： 開啟天書的鑰匙 龍騰天下首部曲》

作　　　者：戴振琳(懷常)　徐子雲
總 經 理：王承惠
總 編 輯：陳秋玲
財 務 長：江美慧
印務統籌：張傳財
美術設計：vision 視覺藝術工作室
出 版 者：華品文創出版股份有限公司
　　　　　地址：100台北市中正區重慶南路一段57號13樓之1
　　　　　讀者服務專線：(02)2331-7103
　　　　　讀者服務傳真：(02)2331-6735
　　　　　E-mail：service.ccpc@msa.hinet.net
　　　　　部落格：http://blog.udn.com/CCPC
總 經 銷：大和書報圖書股份有限公司
　　　　　地址：242新北市新莊區五工五路2號
　　　　　電話：(02)8990-2588
　　　　　傳真：(02)2299-7900
印　　　刷：卡樂彩色製版印刷有限公司
初版一刷：2016年1月
定價：平裝新台幣350元
ISBN：978-986-92185-6-6